심령과학 시리즈 14

심 령 진 단

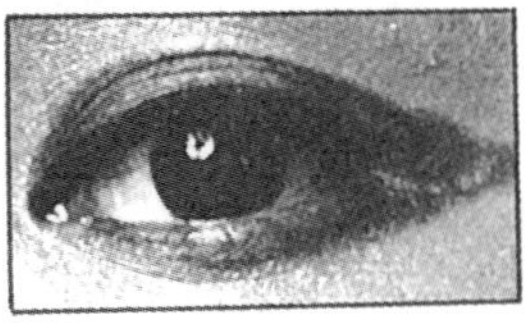

안 동 민 / 저

瑞音出版社

머 리 말

이 책은 《심령과학》 시리즈로서 필자가 집필한 것으로는 14권째가 되고, 번역이 아닌 저술로서는 2번째가 되는 셈이다.

심령과학에 심취하면서 필자 자신이 직접 '심령진단'과 '심령치료'를 하게 된지는 이미 20년이 넘는데, 체질개선 연구원을 거쳐 간 사람은 이미 수만명이 넘는다.

완고한 정신병(精神病)으로 장기간 시달려 온 사람들, 병원이란 병원은 두루 찾아다니면서 아무리 치료를 받아 보아도 완치되지 않는 불치병(不治病)과 고치기 어려운 난치병으로 고통받고 있는 많은 환자들이 필자가 만들어 준 진동수를 마시거나 또는 진동수를 만들 수 있는 카셋트 테프의 도움을 받아 완전한 건강을 되찾은 사람만 해도 상당수에 이른다.

체질개선이 완전히 이루어졌을 경우에는 성격 자체에도 큰 변화가 오고 심지어 운명 자체까지도 바꾸어진다는 사실을 필자는 거의 매일같이 경험하고 있다.

그동안의 체험을 통해 무엇보다도 필자가 크게 깨닫게 된 것은 우리들 모두가 자기 자신에 대해 너무나도 모르고 있다는 사실이었다.

병서(兵書)에 이르기를 '나 자신을 알고 남을 알면 백번 싸워서 백번 이길 수 있되, 나 자신을 모르고 상대가 누군지를 모르면 백번 싸워서 백번 지느니라'라고 한 이야기가 바로 만고(萬古)의 진리임을 뼈아프게 깨닫게 되었던 것이다.

우리는 우리 자신에 대해서 너무나도 모르고 있다.

우리의 존재가 무엇이며, 왜 태어났고 살아가는 목적이 무엇인가를 모르고 살아가고 있는 존재가 대부분 사람들의 경우인 것이다.

물론, 많은 종교에서 인생의 목적을 밝히고 있는 것도 사실이지만, 대부분 너무나 추상적이어서 명쾌한 논리를 필요로 하는 현대인의 감각과는 동떨어진 느낌이 많은 것도 또한 사실인 것이다.

필자는 본시 작가(作家)요, 또 20여년 동안 과학소설을 써오는 동안, 필자 자신의 기질이 소설가이기 보다는 보다 과학자에 가깝다는 것을 절실히 깨닫게 되었다. 논리적으로 스스로 납득되지 않는 이야기는 필자 자신은 물론이오 남에게도 말하지 못하는 기질이다.

작가로서 출발한 필자는 그동안 인생이 무엇인가를 연구해 왔고, 이제는 인간 자체를 연구하는 작업에 몰두하고 있는 것이다.

이 책에 쓰여진 내용들은 이같은 차원에서 얻어진 하나의 작은 소산일 따름이다. 필자가 놓은 작은 디딤돌을 밟고 앞으로 더욱 많은 후진들이 밝고 큰 세계를 개척하여 우리의 생활에 큰 보탬이 되기를 바라는 마음 간절하다.

그런 뜻에서 필자는 앞으로 이 목숨 다하는 날까지 심령학도(心靈學徒)로서 연구하는 겸손한 자세를 끝까지 버리지 않을 것이다.

이 책에 수록된 이야기들은 모두가 필자가 직접 체험한 것이지만 본인들에게 본의아닌 누를 끼칠 것을 두려워한 나머지, 분명히 본인의 동의를 얻지 못한 경우는 모두 가명(假名)을 썼음을 밝혀둔다.

여러분의 앞날에 항상 하나님의 은총이 함께 하기를 간절히 기구하는 바이다.

1994년 8월

저 자

심령진단 • 차례

제2장 사진을 말한다

제3장 과거 · 현재 · 미래

제4장 영각자들의 세계

서 장
인간의 수수께끼

1. 인류 창조설

인류 역사가 시작된 이후, 수천년 또는 수만년이 지나는 동안 많은 사람들이 이 땅 위에서 태어났고, 그들은 저마다 자기 삶을 살다가 결국은 흙으로 돌아가고 말았다.

햇빛을 받고 땅 위를 거닐고 사는 동안 그 많은 사람들이 일생에 한번은 반드시 던져보았을 질문, 그것은 무엇이었을까?——왜 인간은 태어났으며, 왜 살아야 하며, 또 어디로 가는 것일까? 인간은 누가 만들어 냈을까? 이같은 것을 생각하게 된다.

하나님이라는 절대자가 계셔서 이 우주를 창조하셨고, 우주 창조 끝에 인간도 만드셨다는 기독교의 인간 창조설을 오늘날 많은 사람들이 믿고 있지만, 그에 못지않게 인간은 자연발생적으로 생긴 원시적인 생명이 몇억년이라는 오랜 세월을 지나는 동안 돌연변이를 거듭한 끝에 생겨난 것이라는 다윈의 진화론(다위니즘)을 믿는 사람도 많다.

그런가 하면, 헤아릴 수 없을만큼 오랜 옛날에 지구를 방문한 우주인이 버리고 간 쓰레기 속에 섞여 있던 바이러스와 같은 원시생명이 진화에 진화를 거듭한 끝에 지구 위의 모든 생물 및 인간이 되었다는 설도 있다.

끝없는 우주공간을 날아와 지구 위에 떨어진 운석 속에도 생명이 잠든 상태로 존재해 있음을 발견했다는 학자도 있다.

그렇다면 우주인은 어떻게 생겨났고, 운석에 묻어 온 원시 생명은 누가 만들어낸 것이란 말인가?

여기서 우리는 인간은 어디서 왔는가? 하는 최초의 질문으로 또다시 되돌아 가게 됨을 알 수가 있다.

하나님이 인간을 만드셨다면 그 하나님 자체는 어떻게 존재하게 되셨는가? 하는 의문이 당연히 생겨나는데, 그 이상은 현재 우리 인간의 인식능력에 있어서 한계가 아닌가 싶기도 하다.

지난 몇년 동안 많은 독자들이 필자에게 보내온 편지 속에 쓰여진 질문들——특히 젊은이들이 보낸 편지 속에는——지금 이야기한 질문들이 수없이 적혀 있었다.

물론 그들이 필자에게 이런 질문을 해온 데는 그럴만한 타당한 이유가 있다고 생각한다.

흔히, 사람들은 《구약성경》에 나오는 하나님의 인간 창조를 하나로 보는데, 사실은 그렇지가 않다.

《창세기(創世記)》 1장 26절에서 28절을 보면 다음과 같이 적혀 있다.

〈하나님이 가라사대 우리의 형상을 따라 우리의 모양대로 우리가 사람을 만들고, 그로 바다의 고기와 공중의 새와 육축과 온 땅과 땅에 기는 모든 것을 다스리게 하자 하시고, 하나님이 자기 형상 곧 하나님의 형상대로 사람을 창조하시되 남자와 여자를 창조하시고, 하나님이 그들에게 복을 주시며 그들에게 이르시되 생육하고 번성하여 땅에 충만하라, 땅을 정복하라, 바다의 고기와 공중의 새와 땅에 움직이는 모든 생물을 다스리라 하시니라.〉

이것은 하나님의 천지창조 여섯째 날에 일어난 일이고, 다음 《창세기》 2장에 가면(7절~9절) 다시 인간 창조 이야기가 나오는 것을 알 수가 있다.

〈여호와 하나님이 흙으로 사람을 지으시고 생기(生氣)를 그 코에 불어 넣으시니 사람이 생령(生靈)이 된지라, 하나님이 동방의 에덴에 동산을 창설하시고, 그 지으신 사람을 거기 두시고 여호와 하나님이 그 땅에서 보기에 아름답고 먹기에 좋은 나무가 나게 하시니, 동산 가운데에는 생명나무와 선악(善惡)을 알게 하는 나무도 있더라.〉

여기에서 보통 독자들은 같은 이야기를 강조하기 위해 반복적으로 기록한 것으로 생각하기가 쉬우나, 《창세기》 1장에 나오는 인간을 창조하신 하나님과, 2장에 나오는 하나님이 다른 것은 분명하다.

1장에서는 그냥 하나님이라고 되어 있으나, 2장에 등장하는 하나님은 여호와 하나님이라는 이름이 붙어 있기 때문이다.

여호와는 본시 '야웨'가 변한 말로 이스라엘 백성의 종족신(種族神)이었는데 그 후에 보다 높은 뜻으로 쓰이게 되었다는 성경학자들의 설도 있다.

이것은 태초에 하나님께서 완전한 은하계 우주인을 만드셨고, 그 뒤 은하계 우주인에 속하는 여호와 족(族)에 속하는 우주인들이 화학 합성적인 육체를 지닌 인간을 만들었다는 이야기로 해석될 수 있다.

코에 생기를 불어 넣었다는 것은 영체인간(靈體人間)인 우주인이 생명 에너지를 불어 넣어서 아담은 생령(生靈), 곧 육체를 지닌 영체인간이 되었다는 뜻이 아닐까?

그러나 이렇게 해서 창조된 인간은 두뇌가 완전히 발달되지 않은 일종의 인조인간(人造人間)과 같은 존재였을 것으로 생각된다. 또한, 선악과(善惡果)도 두뇌를 발달시키는 성분이 담긴 과실이었을 것으로 생각된다.

육체인간은 화학 합성적(化學合成的)으로 만들어졌으므로 애초부터 불완전한 존재였다고 생각된다. 그것은 마치 전체 부속품이 완전히 작동하지 않는 고장난 텔레비젼과 같다고 생각할 수 있을 것이다.

고장난 텔레비젼에서 나오는 화면은 이그러지게 되거나 소리도 비정상적으로 들리듯이, 애초부터 아담은 육체적 비중이 큰데 비해 생명력이 약했기 때문에 완전한 영인체(靈人體)를 지닌, 애당초 하나님께서 창조하신 은하계 우주인(銀河系宇宙人)과는 비교도 되지 않는 존재였으리라고 생각된다.

그들 은하계인들은 하나님의 형상대로 만들어졌으므로 영생(永生)하는 존재이었겠지만 흙으로 빚어낸 인조인간인 아담은 언젠가는 죽어야 하는 그런 육체를 지녀야만 했었던 것이라고 해석된다.

여기서 성경에 나오는 원죄(原罪)에 대한 새로운 해석을 소개해 보고저 한다.

여기 여호와족에 속하는 우주인이 화학 합성적인 인조인간인 아담을 창조한 것을 본 루시엘족[그들도 또다른 은하계 우주인이라고 생각된다]은 자기네의 형상을 닮은 로봇 인간을 보았을 때, 모욕감을 느껴 선악과를 먹게 해 두뇌를 개발시켰고, 그것도 부족해서 이브와 성관계를 맺음으로써 인조인간의 영체(靈體)가 보다 완전해지도록 노력하지 않았나 한다.

지구를 하나의 동물실험 농장으로 설정했던 여호와족들은 뒤에 인조인간이 뜻하지 않게 지혜로워진데 대해 자신들의 실수를 후회하게 되었고, 결과적으로 그들 은하계 우주인을 창조하신 하나님의 노여움을 사게 되었던 것이다.

흙으로 빚어진 육체인간은 불완전한 몸을 가졌기에 두뇌도 완전히 지혜롭게 작용할 수가 없었고, 그 마음도 육체의 노예가 될 수 밖에 없었던 것인데, 애당초 당신의 형상대로 완전한 인간을 창조하신 진짜 하나님께서 노여워하신 것은 지극히 당연한 일이라고 생각된다.

〈너희가 내 흉내를 내어 불완전한 육체인간을 만들었으니, 우주의 원리(原理)를 완전히 깨달을 수 없는 불완전은 곧 죄라, 너희는 죄악의 씨를 뿌린 셈이라, 이제부터 여호와족은 너희가 만든 아담의 후손의 하나님이 되어 그들을 오랜 세월에 걸친 지도 끝에 너희와 같이 온전한 자가 되도록 하라. 루시엘도 마찬가지니라. 아담이 죄짓는 존재가 되게 한데는 너도 또한 책임이 있으니 루시엘은 기회있을 때마다 아담의 후손을 죄악으로 유혹하여 그들이 죄악에서 벗어나는 훈련을 시키라.〉

이렇게 해서 여호와는 지구인의 하나님이 되었고, 루시엘은 대악마가 되었던 것이라고 필자는 생각한다.

이것은 비단 필자 혼자만의 생각이 아니고 '푸린즈레 토렌치'라는 사람이 《하늘의 사람들》이라는 저서에서 주장하고 있는 학설이기도 하다.〔〈假說 宇宙文明〉이라는 이름으로 日譯되어 大陸書房에서 발행된 바 있음을 소개한다〕

그러니까 이 학설에 의하면 오늘날의 인간은 여호와족이 만들어낸 인조인간과 은하계 우주인인 루시엘족과의 혼혈인간이라는 뜻이 되는 것이다.

여기서 필자가 알고 있는 은하계 우주인과 우리 인간의 차이를 설명해 드리는 것도 독자들에게 큰 도움이 되리라고 생각한다.

첫째, 은하계 우주인은 본질적으로 영체인간(靈體人間)이기 때문에 우리 인간과 같은 육체를 지니고 있지 않고, 인간에게 있어서 유체(幽體)에 해당되는 부분이 완전히 발달되어 그들의 몸체를 이루고 있기 때문에 우주 에너지에서 직접 생명력을 공급받을 수 있고, 따라서 우리 인간과 같은 노화현상이 있을 수 없으므로, 그들은 영생(永生)하는 존재이다.

그러나, 필요하다고 생각되면 주위의 공기에서 필요한 요소를 도입해 우리 인간이 볼수 있는 육체와 같은 모양을 가질 수는 있으나 그들에게는 이것은 고역(苦役)에 속하는 일이다.

여기에 비해 인간은 육체와 더불어 전자파(電磁波)에너지 생명체를 지닌 복합생명체이고, 육체는 불완전하여 물질에 의지해 살기때문에 노화현상이 빨리 와 육체의 기능은 언젠가 정지되게 된다. 이것이 우리가 말하는 죽음이다.

그래서 영혼인 에너지 생명체가 육체에서 탈출하게 되고 지도령 또는 보호령의 안내로 유계(幽界)로 가게 된다.

인간의 영혼은 본질적으로 은하계 우주인의 영체(靈體)와 다를바 없으나, 그들에 비하면 비교도 되지 않을 만큼 지혜롭지 못한 어린 생명이기 때문에 그들과 같이 온전한 존재가 되려면 몇만년에 걸친 윤회가 필요한 것이라고 할 수 있다.

그러니까 유계(幽界)나 영계(靈界)는 여호와족과 루시엘족이 관리하는 하나의 염(念)의 세계라고 보면 틀림없을 줄 안다.

인간이 지혜롭지 못했던 아득한 태고시대에는 그들 우주인들은 직접 하늘에서 내려오기도 했고, 또 그들이 창조한 인간사회에서 섞여 살면서 신으로서의 경배(敬拜)를 받으면서 살아 왔으리라고 생각된다.

애급의 '오시리스'나 우리나라의 '단군신화(檀君神話)'에 나오는 환웅(桓雄)과 같은 분도 그와같은 우주인이라고 생각된다. 단군은 우주인과 지구인의 혼혈인간이었음이 또한 분명하다고 필자는 생각한다.

그러나, 차차 세월이 흐름에 따라 인간은 지혜로워졌는데, 그러자 우주인들은 직접 간섭하는 형태를 중단하면서 그들의 영체(靈體)가 지구인의 육체를 쓰고 태어나 인간을 지도하는 방식으로 변화되었다. 이것은 이스라엘의 예수 탄생이 그 가장 좋은 본보기라고 생각된다.

그 뒤, 인류 역사의 수레바퀴를 움직이게 한 거인(巨人)들은 아마도 거의 전부가 은하계 우주인들이 인간으로 재생한 경우라고 필자는 확신한다.

이들 수효는 처음부터 정해져 있었고, 과거에 태어났던 사람들이 몇번이고 시대(時代)와 나라를 달리하면서 거듭 태어나서 자기네가 맡은 소임을 다하고 있는 것이라고 필자는 생각한다.

은하계 우주인들은 본질적으로 영생(永生)하는 존재이기 때문에 시간은 그들에게 얼마든지 있는 셈이다. 그들의 끊임없는 지도에 의해 언젠가는, 오늘날의 불완전한 인간들도 그들 은하계 우주인과 같이 전지전능(全知全能)한 존재로 향상 발달되지 않을까 필자는 생각한다.

여기서 '프린즈레 · 토렌치'가 저술한 《가설 · 우주문명》에서 다음의 내용을 참고 삼아 번역 소개해 볼까 한다.

지구인들이 우주선을 타고 태양계나 나아가서는 우주공간을 비행하면서 자기 자신과 같은 신체구조를 가진 인류를 찾아내려고 해도 가는 곳마다 실망할 운명에 놓여 있다. 우리가 인간으로서 알고 있는 것과 같은 육체를 지닌 인류는 지구상에만 존재하기 때문이다.

우리 인류란, 어떤 이유로 육체가 소멸되기 전까지 의식과 육체를 분리시킬 수 없는 섬세하고 밀도있는 신체 구조를 가진 인간이다. 그리고 지구인의 육체는 이 땅 위에 사는 다른 동식물 등 유기체의 생물세포와 비슷한 구조의 유기체라고 할 수 있다.

지구인은 아주 독특한 존재이다. 지구인은 사실이 그렇듯 의식적으로 만들어진 것이기 때문에 독특하다. 지구인은 인공적(人工的) 산물이지만, 다른 동물 종류가 진화된 것은 아니다.

지구인의 육체는 '인간'이다. 은하계에는 다른 종류에 속하는 인류가 분포되어 있다. 그러나 이들 다른 종류의 인류는 '인간'이 갖고 있는 것과 같은 육체란 의미에서의 육체를 갖고 있지 않다.

그들의 육체는 지구의 성분으로 구성된 것이 세포로 만들어진 것이 아니다. 그러면서도 지구인이 만들어졌을 때, 그 모양은 은하인(銀河人)의 모습과 비슷하게 만들어졌던 것이었다. 따라서 지구인은 겉모습이 은하계 우주인과 비슷하면서, 지구 동물과 같은 육체적 기능을 갖게 되었다. 즉, 2차적(二次的)인 인류가 된 것이다.

필자가 연구해 낸 체질 개선법과 진동수(振動水)의 장기적인 복용은 다같이 인간의 영체(靈體)와 육체(肉體)의 완성을 촉진시키는 역사상 최초의 새로운 방법임을 필자는 수많은 임상시험에서 확인한 바가 있다.

우리 인류가 완전히 체질 개선되어 은하계 우주인처럼 완전한 인간이 될때, 여호와족과 루시엘족의 우주인들은 그들이 질머진 무거운 멍에에서 해방될 것이고, 우리 인류는 별의 세계로 진출할 수 있는 새로운 우주시대의 막을 올릴 것으로 생각한다.

필자가《악령을 쫓는 비법》에서 쓴 인류의 기원설을 읽으신 분들은 필자의 새로운 주장에 약간 당황하게 되리라 생각되나, 둘다 모두 아직까지는 하나의 가설이라는 것을 생각하면 필자의 진심을 충분히 이해할 수 있을 것이다.

인간의 육체가 본질이 아니고 육체를 움직이는 영혼인 '전자파 에너지 생명체'가 인간이며, 그것은 본질적으로 영생(永生)하는 존재라는 학설에 변함없음을 알아주기 바란다.

《악령을 쫓는 비법》을 저술한 뒤, 2년이 지나는 동안 필자의 생각에도 많은 발전이 있었다는 것도 아울러 참고해 주시기 바란다. 하지만, 사람에 따라서는 필자가 지금까지 쓴 글을 읽고 큰 충격을 받은 분도 있으리라고 생각한다.

이제까지 오랜 세월에 걸쳐 우리 인간들은 우리를 창조한 존재로 부터 집단 최면을 당해 왔으므로, 그 오랜 잠에서 깨어난다는 것은 사람들에 따라서 굉장히 견디기 어려운 고통이 되리라고 생각되기 때문이다. 그러나 인간은 언젠가는 잠에서 깨어나야만 한다는 것 또한 분명한 사실이라고 필자는 확신한다.

우리는 이제 우리가 누구이고, 어떻게 태어났으며, 또 어디를 향해 가고 있는가를 알 권리가 있다고 생각하기 때문이다.

물론 그렇다고 해서 '토렌치'나 필자의 학설을 굳이 믿으라고 강요하는 것은 아니다.

우리는 어느 누구나 생각할 수 있는 자유가 있고, 또한 그 자유는 그 무엇보다도 소중한 것이기에 사람들은 저마다 자기가 원하는 대로 생각할 수 있는 권리가 있기 때문이다.

필자가 머리가 돈 사람으로 여겨지면 이 책을 더 이상 읽을 필요는 없을줄 안다. 하나님을 모독했다고 펄펄 뛰는 이도 틀림없이 있을 줄로 생각한다. 그러나 지나 온 인류 역사를 살펴보면, 언제든지 그 시대보다 앞서간 사람들은 많은 사람들로부터 박해를 받았거나 오해를 받았으며, 그것은 그 정도 차이일뿐, 오늘날에도 그대로 변함없는 현실이라고 생각한다.

그러나 비록 적은 수효겠지만 필자의 의견에 찬동하시는 분들도 틀림없이 있으리라고 생각한다.

이 책은 그러한 소수의 사람들, 다시 말해서 미래사회(未來社會)의 등불이 되실 분들을 위해 쓰여진 것임을 다시 한번 밝혀두는 바이다.

2. 경락(經絡)의 비밀

오늘날 우리는 서양의학의 혜택을 받고 있고, 가는 곳마다 병원과 약국을 쉽게 만날 수 있다. 그러나 가만이 생각해 보면, 서양의학이 우리나라에 들어 온 것은 불과 100년 안밖이고 지난 4천년 동안 우리 민족은 전통적으로 한의학(韓醫學)의 영향을 받아 왔다.

요즘도 병원에서 치료가 안되면 한의사를 찾아가서 침을 놓는다, 뜸을 뜨거나 하여 완치되는 예가 많은 줄로 안다. 특히 신경계통에 마비가 온 것을 한의학에서는 잘 치유시키는 게 아닌가 싶기도 하다.

그러면 여기에서 양의학(洋醫學)과 한의학(漢醫學)의 두 두러진 특징을 비교해 보고 그 결점들에 대해서 알아 보기로 한다.

우선 양의학은 신체를 각 부분으로 나누어, 내과, 이비인후과, 외과 등 전문 분야로 분류되어 있고, 병든 곳을 수술해서 떼어내는 외과가 크게 발달되어 있는게 특징이다.

이에 비해 필자가 알기에 한의학은 수술 같은 것이 없는 것으로 알고 있고, 인체(人體)를 종합적으로 다루는게 특징이며, 양의학에서는 전혀 찾아볼 수 없는 경락(經絡)에 대한 이론이 기본을 이루고 있다.

그러면 경락이란 무엇인가?

인체의 신경조직에 생기(生氣)를 불어 넣어주는 4차원적(四次元的)인 에너지 회로(回路)라는 것이 대체로 경락에 대한 해석이다. 또한 인체에는 수많은 경혈(經穴)이 있다고도 한다.

그런데 재미있는 것은 해부학적으로는, 이 경락과 경혈의 존재를 전혀 찾아볼 수가 없으면서도 경혈 측정기로서는 그 소재가 분명히 밝혀지고 있다는 점이다.

대체로 양의학이란 임상실험을 그 기초로 삼아서 발달되어 왔기 때문에 동물실험이나 시체 해부실험에서 일정한 자료가 증명되지 않은 것은 이를 인정하지 않는 경향을 지니고 있는 듯하다. 다시 말하면 눈으로 직접 확인할 수 없는 것은 인정치 않는 태도라고 할 수 있다.

그런데, 여기에 양의학은 근본적으로 중요한 잘못이 있다.

그것은 생명현상(生命現象)을 그 본질적으로 파악하고 있지 않다는 점이다. 다시 말해서 살아 있는 사람과 시체를 동일시(同一視)하고 있다는 점이다.

살아있는 사람은 생명의 본질인 영혼, 곧 '전자파 에너지 생명체'가 육체 속에 들어 있어서 모든 신경조직을 관활하고 있지만 죽은 시체는 영혼이 빠져나간 상태, 다시 말하면 4차원 에너지 회로인 경락과 경혈이 소멸된 상태인 것이다.

현대의학의 맹점은 살아있는 인간과 시체가 본질적으로 전혀 다른 존재라는 사실부터 인정하지 않으면 영원히 막다른 골목에서 헤어나기 어려울 것으로 생각된다.

다시 말하면 우리의 오관(五官)으로 인식할 수 있는 것만이 전체가 아니라는 것, 아니 우리의 오관 자체의 인식능력 자체가 극히 제한된 것에 지나지 않는다는 사실을 솔직히 받아 들여 그 바깥의 세계를 알아보려는 노력 자체가 몹시 아쉽다는 이야기이다.

인간의 육체 안에 유체(幽體)가 존재함을 인정치 않을 때 [사실은 이 유체가 육체를 지배하고 있는데] 유체에서 생기는 여러가지 질병, 곧 빙의령에 의한 신경성 질환과 그밖의 난치병에 대한 완전한 치료 방법이 나올 수 없기 때문이다.

그리고 인체의 모든 기관은 서로 상호관계가 있는데, 이를테면 신장기능 장해로 폐결핵도 생기고, 악성 피부병도 생기며, 축농증, 후두염, 습관성 감기도 생기는 것이다.

또한 그 신장은 빙의령이 빙의해서 몸 안에 유독개스를 많이 축적시킬 때 병을 앓게 되는 경우가 많은데, 그 원인을 모르고 대증(對症)요법만 쓴다거나 수술로서 못쓰게 된 기관을 제거시키는 것은 결과적으로 일시적인 효과 밖에 없다는 이야기이다.

인체의 모든 기관은 서로가 밀접한 관계가 있는데 원인은 다른 기관에 있는데 질병이 나타난 부분만 치료한다는 것 자체가 불완전한 것임을 알 수가 있다.

또 한가지 다른 예를 들어보면 능히 자연분만을 할 수 있는 부인이 함부로 제왕절개 수술을 하는 경우, 이는 인체가 지니고 있는 중요한 기능을 퇴화시키는 중요한 잘못을 의사가 범하는 것이 된다.

결론적으로 말해서 지금 현대의학에 무엇보다도 절실하게 필요한 것은 인간의 본질이 무엇인가를 확립하는 문제라고 생각한다.

둘째로, 현대의학은 잘못이 없고 완전한 것이라고 믿고 있는 한, 발전 가능성은 없다고 필자는 생각한다. 사람이 겸손하면 발전이 있지만, 교만해지면 더 이상 발전이 있을 수 없는 것과 똑같은 이치이다.

다음은 한의학(韓醫學)에 대한 이야기를 해보고저 한다. 한의학은 옛 의성(醫聖)들이 마련해 놓은 체계(體系)를 그대로 답습할 뿐, 하나도 새로운 연구나 해석이 엿보이지 않는다는 점이 몹시 아쉽다고 생각한다.

이들 역시 경혈(經穴)이나 경락이 인체의 4차원 에너지 회로이며, 유체(幽體)의 혈맥이라는 사실을 제대로 이론화 하지 못한 듯하다.

한의사들 역시 영혼이 살아있는 생명의 본질이라는 사실을 인식하지 못하는 점에서는 양의사와 별로 다름이 없다고 생각한다.

역시 양의학의 발달에 의해 수세에 처에 있으나, 양의학이 수용할 수 밖에 없는 확고한 이론체계를 세우고 있지 못함은 오늘날 한의학이 처하고 있는 큰 맹점이라고 생각한다.

경락이란, 신경회로에 생명전기(生命電氣)를 보내주는 선(線)이며, 또한 각 장기에서 발생하는 유독개스를 일시 저장하는 가스 탱크가 곧 경혈(經穴)이고, 밤에는 그 경혈에 고였던 유독 가스를 몸 밖으로 내보내는 회로가 바로 경락이라는 것이 필자의 주장이다.

인체의 각 장기에서 발생하는 유독 가스는 저마다 빛깔이 다르며, 또한 냄새가 다르다는 사실도 필자는 수많은 임상경험에서 확인한 바 있다.

복잡한 종합검사를 하지 않고 손바닥 색과 얼굴빛만 보아도 그 환자의 어디에 이상이 있으며, 어느 장기가 병들어 있음을 필자는 즉시 알 수 있었고, 또 여지껏 그 진단이 거의 틀린 일이 없음을 자부한다.

또한 죽은 사람의 영혼이 빙의되어 있는 것을 알아내는 방법도 필자가 개발한 바 있고, 환자의 사진만 보고도 알 수 있는 방법을 알아낸 것도 사실이다.

양의학과 한의학과 심령과학이 서로 힘을 합해 인간의 본질을 파악하고 각종 질병이 생기는 정확한 원인(原因)을 완전히 파악할 때, 의학은 크게 발전될 것으로 필자는 생각한다.

21세기가 되면 아마 모르기는 해도 약물치료는 거의 자취를 감추고 특수한 진동파(振動波)에 의한 치료법이 의학의 대종(大宗)을 이루리라고 필자는 생각한다.

생명의 신비(神秘)가 완전히 파악되면, 아마도 인간은 모든 질병에서 해방될 뿐만 아니라 영생(永生)하는 방법까지도 알아내게 되리라고 생각한다.

그때까지는 많은 선각자(先覺者)들도 고통과 박해, 그밖에도 여러가지 험한 길을 걸어야만 되지 않을까 생각한다.

3. 병은 왜 발생하는가?

사람은 누구나 똑같이 어머니에게서 태어나 성장하고 늙고 병(病)들면 죽게 되어 있다. 설사 병이 들지 않더라도 사람은 누구나 늙어서 죽게 되어 있다.

이것이 아직까지 우리 지구인에게는 변할 수 없는 진리가 되어 있는 것이다. 그러나 병이 생기는 원인이 철저하게 밝혀지고, 또 노쇠현상도 일종의 병이라고 짐작하면서도 늙는 원인을 아직 정확히 모르고 있는데, 그 원인이 밝혀지고 그것을 제거하는 방법이 강구된다면 사람은 육체를 지닌 채 영생(永生)할 수도 있을 것이라고 필자는 생각한다.

아니, 영생은 못해도 적어도 인간의 자연수명이라고 생각되는 성장기의 다섯배에 해당되는 125세까지는 건강하게 살 수 있다.

인체세포(人體細胞)는 일종의 재생기관(再生器官)의 능력을 갖고 있는데, 세월이 가면 이 재생능력이 차차 저하되어 노화현상때문에 사람은 늙게 되는 것인데 오늘날의 의학은 이 원인을 아직 규명치 못하고 있다.

필자는 이미 그 원인을 알아낸 바가 있다. 즉, 유체(幽體)의 4차원 에너지 회로인 경락에서 나오는 유독개스의 충만으로 신경회로에 이상이 나타나고, 그 때문에 혈액순환의 장해로 각 세포에 충분한 활력소가 되는 생체(生體) 에너지의 공급이 감소되고, 세포에 축적되는 유독물질의 배출이 어렵게 되는데 노화현상이 원인이 있다는 것이 필자의 의견이다.

필자가 발견한 진동수는 종교적으로 말하면 바로 생명수(生命水)라고 할 수 있다. 세포 속에 축적된 유독 가스와 유독물질을 몸 밖으로 나가게 하는 운반수단이 되는 동시에 세포가 필요로 하는 마이너스 이온화 된 전기 에너지를 공급해 주는 물이기 때문이다.

또한 필자가 발견한 '진동요법'의 시술을 받아도 같은 결과가 나온다. 수많은 환자들이 각종 난치병에서 해방되었을 뿐만 아니라 육체와 정신이 아울러 젊어지고 성격에도 변화가 온 예는 헤아리기 어려울 정도이다.

예순 살이 넘은 필자가 30대의 피부와 정력을 지니고 있는 것만 보아도 얼른 수긍이 가리라고 생각한다. 결론적으로 노화현상(老化現象)도 일종의 질병이라는 것이 필자의 생각이다.

모든 질병은 육체 또는 유체의 순환장해에서 비롯되는 것이고, 그 공통된 원인은 유독 가스의 충만에서 찾아 보아야 된다고 필자는 생각한다.

병원균인 바이러스가 사람의 몸 안에서 늘어가는 과정을 보면 다음과 같다. 바이러스는 세포 안에 침입해서 활동을 시작하면 어떤 방법을 통해 세포핵(細胞核) 안에 있는 DNA 기구의 스윗치를 꺼버린다. 이어서 바이러스는 자기 자신의 DNA를 핵의 조직 속에 주입한다. 그러면 인체세포는 자기 자신의 조직을 만드는 대신 바이러스를 열심히 늘리기 시작하는 것이다. 이것 역시 바이러스가 발생시킨 특수한 유독 가스가 세포 안에 있는 DNA 기구의 스윗치를 끄는 구실을 하는게 아닌가 한다.

진동수를 대량으로 투여하면 바이러스가 만들어낸 특수한 유독 가스가 무효화 되기 때문에 바이러스는 증식작용을 하지 못하게 된다. 소수의 바이러스는 결국 백혈구의 포위 선멸작전에 굴복하기 때문에 바이러스성 질병이 치유되게 되는 것이다.

월남 매독을 앓던 환자가 진동수의 2개월 복용으로 완치된 예를 필자는 알고 있고, 10여년 된 중증 결핵환자도 진동수 2개월 복용에 역시 완치된 예가 있다. 이러한 예는 이루 헤아리기 어려울 정도이다.

여기에서 질병의 종류를 분류해 보는 것도 흥미있는 일이라고 생각한다.

모든 질병은 육체에 원인이 있는 것과 유체(幽體)에 원인이 있는 것 두가지로 크게 나눌 수 있다.

육체의 어느 기관을 혹사해서 생기는 병, 이를테면 술을 과음해서 또 화를 끓여서 생기는 각종 간 질환은 마음과 육체에서 그 원인을 찾아야 할 것이다.

다음은 빙의령의 빙의에서 생기는 병이 있다. 빙의령이란 육체 속에 들어 있는 진짜 생명체인 유체에 육체를 상실한 영혼이 기생함을 뜻한다.

빙의령도 하나의 생명체이므로, 에너지에 대한 대사작용을 갖고 있다. 육체가 흡수하는 생명 에너지를 빙의령이 빼어가기 때문에 결과적으로 유독개스를 내어 뿜는다. 이 때문에 육체는 에너지 공급 부족상태가 될뿐만 아니라 경락에 이상이 생겨서 급기야는 순환 장해가 생기게 된다.

이 빙의되는 현상도 전생(前生)에서의 잘못이 원인이 되는 경우와, 이 세상에서 살생(殺生)〔동물살생이 주라고 보겠다]했을 때, 갈 곳을 잃어버린 동물령의 빙의, 또는 원한때문에 생령(生靈)이 발생해서 빙의하는 경우, 또는 환자의 체질상 유체가 유난히 발달되어 있어 망령(亡靈)이 의지하기 쉬운 경우도 있다.

그다음, 바이러스 세균에 의한 우행병(流行病)을 들 수 있는데 모든 바이러스와 세균은 일종의 영적(靈的)인 생명체라고 생각한다. 인간의 마음에서 발생하는 악념(惡念)은 무독(無毒)한 세균과 바이러스에게 돌연변이를 일으켜서 병균이 되는 것이다.

많은 사람들에게서 발생하는 집단적인 염력(念力)은 일종의 강력한 방사선과 같은 작용을 한다고 보기 때문이다. 따라서 이것은 사랑의 정신에 충만된 성인(聖人)의 몸 속에 들어가면 맹렬한 독성을 지닌 병균도 그 독성을 잃을 수 있다고 필자는 생각한다.

그런데, 사실은 이같은 분야에 대한 연구가 몹시 아쉽다고 생각한다. 빙의령때문에 생긴 질병도 장기간 진동수를 복용시켜 몸 안에 축적된 유독 가스를 배출시켜 주고 효과적으로 제령하면 난치병에서 완쾌가 될 수 있음을 필자는 매일같이 경험하고 있다.

몸 안에 축적되는 각종 공해물질을 효과적으로 배출시켜 주고 세포의 재생능력(再生能力)을 항상 같은 수준으로 유지시켜 줄 수만 있다면 사고사(事故死)를 제외하고 인간은 영속되는 젊음을 유지할 수 있다고 필자는 생각한다.

아니 그뿐만이 아니다. 진동수의 장기복용으로 겉으로 보아도 알아볼 수 있을만큼 머리가 커지고 IQ가 높아진 예도 많다.

인간의 뇌세포는 150억인데, 그중에서 아주 적은 부분 밖에 쓰고 있지 않는 것이 보통 사람들의 경우이다. 150억의 뇌세포가 모두 활용되는 날, 인간은 바로 초인(超人)으로 변모가 되리라는 것을 의심치 않는다.

인간의 본질, 곧 생명의 본질을 분명히 파악하면 모든 질병이 생기는 참다운 원인을 알 수가 있고, 그렇게 되면 그 원인을 없애는 효과적인 방법도 나오게 마련인 것이다.

아니, 이미 그 방법은 필자가 발견해서 매일과 같이 실천에 옮기고 있는 터이고, 이제 남은 것은 세계적으로 공급시키는 과제만이 남아있는 것이다.

암과 같은 질병도 유독 가스로 말미암아 세포의 DNA기구에 이상이 생겨서 생기는 질병이라고 생각된다. 진동수 복용으로 암 환자가 완치된 예가 많다는 것이 그 좋은 증거가 아닌가 한다.

4. 저승으로 가지 않는 영혼들

옛사람들은 인간이 영혼을 지니고 있다는 사실, 죽으면 명부(冥府) 또는 저승이라고 하는 곳으로 저승사자가 데려간다는 사실을 의심한 이들은 거의 없었다.

이승에서 떠난 뒤 혼이 되면 저승에서 휴가를 얻어서 그리운 가족들 곁으로 잠시 다니러 온다는 사실도 또한 믿어 의심하지 않았으므로, 조상 제사도 철저히 지키려고 노력했던 것이라고 할 수 있다.

'잘 되면 제탓, 못되면 조상탓'이라는 우리나라 속담도 알고 보면 죽은 조상의 영혼이 살아 있는 가족들에게 재앙을 가져올 수도 있다는 민간신앙(民間信仰)에서 나온 말이라고 할 수 있다. 그래서 옛사람들은 살아있는 부모 이상으로 이미 세상을 등진 조상들을 모시기를 극진히 했던 것이라고 할 수 있다.

그런데 요즘은 어떤가?

많은 사람들이 아직 영혼의 존재를 믿고 있기는 하지만, 그보다 더 많은 사람들이 이승에 집착한 나머지 죽은 뒤에 가는 세계가 있다는 사실을 믿으려 하지 않는다. 부처님께서는 인생은 고해(苦海)라고 하셨지만, 요즘 사람들에게는 이승 자체가 바로 극락이라고 생각되기 때문인지 어떤 수단방법을 동원해서라도 이 세상에서 잘 살면 그만이지 죽은 뒤의 세계가 어디 있느냐 하는 심히 잘못된 생각을 갖고 있는 사람들이 많다.

이러한 사람들은 눈으로 볼 수 있고 손으로 만져볼 수 있는 것만을 믿게 마련이고, 따라서 영혼 같은 것은 아예 존재 여부를 알아보려고도 하지 않는다. 그들은 유계(幽界)나 영계(靈界)에 대한 관심을 갖는 이들을 오히려 어리석은 인간들이라고 비웃기까지 한다. 그런데 관심을 갖는다는 것이 바로 인생의 낙오자인양 생각하기까지 한다.

'그런데 관심을 가질 시간이 있거든 한푼이라도 돈을 더 벌어 이 세상에서 잘 살 생각을 하라'고 훈계까지 하려고 든다. 권력 있는 자리에 앉아 있고, 수중에 돈도 많고 보니 세상에서 두려울 것이 없게 된다.

이러한 사람들은 몹시 교만하게 마련이고, 자신의 욕망대로 사는 인간들이다. 돈을 벌기 위해서, 출세하기 위해서 남을 짓밟고도 전혀 양심의 가책을 받지 않는다.

오히려 그런 생활방식은 강자(強者)의 생활태도라고 자부하기 까지 한다. 그러면서 자기 자신만은 영원히 권세와 젊음을 누리고 살것 같은 착각 속에서 헤어나지를 못한다.

계집질도 하고 술도 과음하고, 많은 여자들을 정복한 것을 마치 무슨 큰 업적이라도 된 것처럼 자랑으로 여긴다.

이런 사람들이 어느날 갑자기 쓰러진다. 부랴부랴 종합병원에 입원해서 종합진단을 받는다. 위암, 또는 간암이라는 진단이 내려진다. 주위에서는 본인에게 암환자라는 사실을 알리지 않으려고 가진 애들을 쓴다.

경우에 따라서는 수술로 성공을 거두는 수도 있지만, 결국 몇년 안에 재발해서 죽게 되는 것이 대부분의 경우이다. 또 수술을 하다가 병세가 너무 악화되어 집도를 하지 못하고 다시 봉합수술을 해버리는 경우도 많다. 이런 경우, 환자에게는 수술이 성공적으로 끝났다고 거짓말을 하게 마련이다. 얼마동안 병원에 입원하고 치료를 해보지만 병세는 점점 더 악화해 가기만 한다.

그러자, 어느날 병원에서는 퇴원명령이 내려진다. 이렇게 되면 길어보았자 한달 안에 환자는 저승으로 가게 마련이다.

하지만 환자는 살려고 발버둥을 친다. 좋은 집과 예쁜 아내와 그 많은 돈들을 남겨놓은채 죽는게 억울하기 이를데 없다. 가족들을 들들 볶고 왜 병원에서는 수술이 성공했다는데 하나도 몸이 좋아지지 않느냐면서 짜증을 부린다.

먹지도 못하고 배설도 되지 않고 잠도 오지 않는다. 배에는 복수(腹水)가 차서 흡사 오뉴월의 맹꽁이 모양으로 숨이 턱에 닿아 헐떡거린다. 아무리 좋은 음식이 있어도 지금은 걸인보다도 못한 신세이다.

건강했을 때, 교만방자하게 처세한 벌이 이런 형태로 자기를 찾아왔다는 것을 그는 아직도 깨닫지 못한다. 다 죽어가면서도 은행통장과 도장은 벼개 밑에 넣어두고 아무도 만지지 못하게 한다.

식구들이 자기 하나 살려내지 못한다고 불만을 토로한다. 그러나 나중에는 누구를 원망할 기력조차도 없어진다.

여기서 교양이 조금 있는 사람은 늦게나마 반성을 하여 죽은 뒤의 일에 대해 걱정을 하기도 하지만, 대부분의 경우는 끝까지 반성도 하지 않고 깨닫지도 못하게 마련이다.

이제는 곁에서 시중드는 가족들을 의식적으로 들볶는 것만이 남아있는 것이다. '긴 병에 효자가 없나'는 말이 있듯이 환자의 증상이 오래 지속되면 주위의 가족들도 기진맥진하게 된다. 어차피 살지 못할 바에야 어서 돌아가 주었으면 한다. 그리고 유산 분배에 대해서 환자 모르게 수군덕거린다. 이렇게 되면 환자는 가족들로 부터도 완전히 고립된 존재가 된다.

그래도 환자는 삶에 대한 집착에 몸부림칠 뿐, 죽은 뒤에 찾아갈 저승에 대해서는 알려고도 하지 않는다.

여러 날 동안 혼수상태가 계속되다가 환자는 드디어 숨을 거두게 된다. 그러나 그는 죽기 전에 의식불명이었기에 자기가 죽었다는 사실을 알지 못한채 저승 사자에 의하여 유계로 운반된다.

그는 저승에 가서도 계속 잠만 자고 있다. 저승에서 다시 이승으로 보내지는 것으로 결정이 내려지면 그의 기절한 영혼은 선택된 어머니의 모태(母胎) 속에 들어가게 된다.

이것이 가장 진화가 덜 된 영혼의 경우이다.

그는 다시 태어나지만 여전히 무신론자(無神論者)로서 잘못된 생활 습관을 갖게 된다. 영혼이 어디 있느냐고 큰 소리를 친다. 이것은 그로서는 당연한 생각이다. 왜냐하면 그는 주관적으로 보아서 저승에 가 본 일이 없기 때문이다. 이보다 조금 다른 경우도 있다.

임종의 자리에서 정신이 들락날락하다가 숨이 넘어간다. 평소에 지극히 사랑하던 외아들에게 나를 살려달라고 마음속으로 아우성을 친다.

한편, 아들도 아버지를 어떻게든 살리려고 애쓴다. 이 순간 부자(父子)는 영파(靈波)에 있어서 진동 사이클이 같아진다. 임종하는 순간, 아버지의 영혼은 저승으로 가지 않고 아들의 몸속으로 빨려들어 간다.

이런 경우, 죽은 사람은 자기가 죽었다는 사실도 모르고 있을 뿐만 아니라, 아들의 몸에 빙의되었다는 사실마저 모르게 마련이다. 임종 직전에 갖고 있던 느낌이 영속될 따름이다. 희미한 의식속에서도 간암 또는 위암을 앓고 있다는 생각이 지속되고 있다.

이같은 상태로 6개월에서 1년 정도 세월이 지나면 아들에게도 아버지와 똑같은 병 증상이 나타나기 마련이다. 이것은 아버지의 유체(幽體)에서 내어뿜는 독가스때문에 생기는 현상이다.

아들은 새벽에 눈을 뜨는 순간, 죽은 아버지의 얼굴이 갑자기 눈 앞에 생생하게 나타나는 것을 느낀다. 때로는 정신이 몽롱해지면서 자기 자신이 마치 곧 죽을 것같은 환각(幻覺)에 사로잡히는 수도 있다. 이런 사람을 그대로 방치해 두면 결국 아버지와 똑같은 병으로 죽게 된다.

빙의령으로 고통받는 환자는 우선 진동수를 한달 내지 두달 복용시켜서 몸안에 축적된 유독 가스를 배출시켜 주고, 며칠동안 체질개선 시술을 한뒤 제령(除靈)을 하면, 대개 기적적으로 회복된다. 그러나 여기에서 하나 알아두어야 할 것은 한번 빙의되었던 사람은 유체가 달라져 있으므로 또다른 빙의령에게 빙의되기 쉬운 체질로 변화된 사실을 알아야 된다.

은반지에 특수한 조각과 진언(眞言)을 새기고 진동을 넣어 왼쪽 약지에 끼워주면 빙의 현상을 예방할 수 있는 것을 개발하여 현재 많은 효과를 거두고 있다.

다음에는 이 보다 조금 나은 무신론자의 경우를 소개해 보려고 한다.

일반적으로, 임종의 순간에 누운 환자는 그 심경이 그저 남남하기만 하다. 평소에 소신껏 살아왔기에 별로 후회할 것도 없다. 죽으면 깊은 잠에 드는 것처럼 아무것도 모르게 되리라고 생각하고 있다.

숨을 거두는 순간, 눈 앞이 갑자기 어두워지면서 정신이 몽롱해진다. 인제는 끝이로구나 하고 생각한다. 그뒤 얼마나 시간이 지났을까, 그는 다시 맑은 정신이 돌아옴을 느낀다. 정신을 차려서 자리에서 일어난다.

주위의 모든 정경이 아주 선명하게 보인다. 아내가 울고 있는 모습이 보인다. 그는 아내의 어깨를 친다.

"여보, 나 죽지 않았오. 이렇게 살아났지 않소."

그러나 어찌된 영문인지 아내는 여전히 울고만 있다.

이상하다고 생각하면서 자세히 살펴보니 조금 전까지 자기가 누워 있던 자리에는 창백하게 모습이 변한 또 하나의 자기가 누워 있는게 아닌가! 그제서야 그는 자기가 죽었다는 사실을 깨닫게 된다.

죽으면 모든 것이 끝나는 줄로 알았던 환자로서는 충격적인 사실이 아닐 수 없다. 그렇다고 크게 슬퍼할 일은 아니라고 생각한다. 아무것도 없는줄 알았는데 본전은 없어지지 않았구나 하는 느낌마저 든다. 그는 어슬렁 어슬렁 집 밖으로 나간다.

그 누구에게도 자기의 모습이 보이지 않는다는 사실이 신기하고, 한편으로는 완전히 이 세상에서 소외되었다는 서글픈 느낌마저 든다.

길거리의 모든 것들이 아주 선명하게 보인다. 살아 있을 때는 아주 심한 근시(近視)여서 잠시도 안경이 없이는 볼 수가 없었는데 이제는 그렇지 않은 것이 신기하기만 했다.

문득 가까운 친구 A가 생각이 난다.

그는 지금 무엇을 하고 있을까 궁금해진다. 그가 보고 싶어진다. 다음 순간, 정신을 차려보니 그는 A의 방안에 와 있지를 않은가!

파자마 바람으로 앉아 있는 A를 본 순간 그는 반가운 나머지,

"여보게 날쎄. 나야."

하고 소리를 지른다. 그러나 A에게는 아무것도 들리지 않는 게 분명했다. 앗차 나는 죽었지 하는 생각이 든다. 그러자 전화가 울린다.

A는 수화기를 집어든다.

"네, 그렇게 되었군요. 발인은 모레 아침 열시라구요. 네, 꼭 가뵙겠습니다."

침통한 표정을 짓는 것을 보니 자기 집에서 걸려 온 전화인게 분명했다.

(오래 병으로 고생하더니 어차피 회춘(回春)하지 못할 바에야 잘 죽었지. 차차 쓸쓸해지는군. 가까운 친구들이 하나씩 둘씩 없어져 가니!)

A가 하고 있는 생각을 아주 뚜렷하게 알 수 있는 것이 정말 이상하기만 했다. 그는 미국에 있는 큰 아들 내외가 궁금해진다. 사진을 보내온 것을 눈 앞에 그려보고 아들의 주소를 생각한 순간, 그는 어느덧 자기의 유체가 아들네 집에 와 있음을 안다.

마침 아들과 며느리는 말다툼을 하고 있는 중이었다.

아버지가 돌아가셨다는 기별이 오기 전에 한국으로 돌아가야겠다는 아들과 소식 오기 전에 떠날 필요가 없지 않느냐는 며느리의 의견이 서로 대립되어 있는 것이 분명했다.

역시 아들은 효자로구나 하는 생각이 들자 그는 대견한 마음을 금할 수가 없었다. 다시 고향 집에서 비통에 잠겨 있을

가족들이 궁금해지는 순간, 그는 어느덧 자기가 임종한 방 안에 와 있음을 안다.

그는 그 뒤부터 여러 날이 지나는 동안, 인간은 죽으면 아주 없어지는게 아닐 뿐더러 어느 의미에서는 더 자유스러운 입장에 놓이게 된다는 것을 깨닫게 된다. 그러나 모든 것을 이쪽에서 관찰할 수 있을 뿐, 이 세상의 물건 중에서 종이 하나도 움직일 수 있는 힘이 없음을 알게 된다.

죽어서 가는 저승이란 없구나!

결국, 이승과 저승은 동일한 시간과 공간 속에 존재하되 차원(次元)이 다른 것 뿐이 아닌가 하는 생각을 하게 된다.

그런던 어느날, 그는 길거리를 산책하다가 오래 전에 헤어진 옛 친구를 만난다.

"자네 웬일인가? 정말 오랫만일세 그려."

하고 반색을 하는 바람에 그는 친구가 다른 사람들과 달리 자기를 알아보는 것을 이상하게 생각한다. 그러나 마주 손을 잡고 생각해 보니 그도 역시 오래 전에 죽은 사람인게 분명했다.

그는 이 친구 덕분에 살아있는 사람 몸에 빙의하는 법을 배우게 된다. 빙의당한 사람은 모르는 가운데, 다시 자기 자신의 것이나 다름없는 육체의 소유자가 되어 본다는 것, 이것은 정말 희한한 경험이 아닐 수 없었다.

그러나, 그는 자기가 빙의한 사람의 건강이 나빠진 이유는 알지를 못한다.

이런 망령이 빙의한 사람의 경우, 필자의 앞에서 영사(靈査)를 받으면 이런 항의를 해오게 마련이다.

"그렇습니다. 저는 제가 육신을 잃어버린 존재라는 사실을 알고 있습니다. 사람이 죽어도 존재한다는 것은 엄숙한 사실이지만 저승은 없습니다. 저한테 지금 어디로 가라는 것입니까? 저는 못갑니다.”

“저승은 있습니다. 당신이 생전에 영혼의 세계에 대해서 너무나 몰랐고, 또 이승에 대해서 너무 애착을 가졌기 때문에 이런 빙의령이 된 것입니다.

사람은 죽은 뒤, 보호령의 안내를 받아 반드시 유계(幽界)로 가야만 합니다. 죽은 지 49일째 되는 날 저승사자가 보호령과 함께 당신 앞에 나타나게 마련인데 당신은 그전에 빙의가 된 것입니다. 이 우주에는 ‘심은대로 거둔다’는 절대적인 인과율(因果律)이 있습니다. 인간의 영혼이 우주의 법칙을 지키지 않고 남의 몸에 기생충과 같이 빙의해서 그 사람의 생명에너지를 도덕질하면서 살게 되어 그 사람에게 천명(天命)을 다하지 못하게 할 때 그 죄는 큽니다. 결국 언젠가는 이런 행위가 결과가 되어 당신은 버러지의 알 속에 갇히는 몸이 됩니다. 이것이 바로 무간지옥(無間地獄)이라는 것입니다. 다시 인간으로 재생(再生)하기란 거의 불가능한 일 입니다. 저승에 가야만 당신은 다시 인간으로 태어날 수가 있는 것입니다.”

“인간으로 태어난다고요? 저는 다시 태어나는 것을 원치 않습니다. 이대로가 좋습니다.”

“그렇게는 안됩니다. 그러면 지금과 같은 생활을 계속해서 남의 생명을 좀 먹고 그 결과 버러지의 알 속에 갇혀서 앞으로 몇천년, 아니 몇만년 동안 인간이었다는 의식을 지닌채 버러지로서의 생활을 계속하겠습니까?”

여기에는 아무리 아집(我執)이 센 망령도 잠잠해진다. 결국은 필자가 부른 보호령의 안내를 받아서 저승으로 가게 되는 것이 대부분의 경우이다.

죽은 사람들의 많은 영혼들이 저승으로 가지 않고 살아있는 사람들에게 자꾸만 빙의된다는 사실은 매우 큰 문제가 아닐 수 없다.

그러지 않아도 몸 안에 축적되는 각종 공해물질 때문에 많은 사람들은 병들어 가고 있는데 망령까지 빙의되어 '생명에너지'를 빼어가고 유독 가스를 내어뿜으니, 빙의된 사람이 난치병, 불치병(不治病)에 걸리게 됨은 너무나 당연한 일인 것이다.

저승으로 가지 않는 영혼이 많아지면 많아질수록 재생(再生)하는 인간의 수효는 줄게 되고, 공해로 죽어가는 사람들은 앞으로 늘게 마련인데 이대로 아무런 대책없이 방치하면, 앞으로 10년 내지 20년 후에는 세계인구는 갑작스레 줄기 시작할 것이 분명하다.

인간이 생식력(生殖力)을 상실하고, 한편 난치병과 불치병이 유행성 감기처럼 퍼질 때, 인간의 종말은 가까워 온 것이라고 할 수 밖에 없지 않겠는가.

인간은 이땅 위에서 한번은 낙원(樂園)을 이룩해야 될 의무가 있지 않을까. 이 현상세계(現象世界)에 살면서 지옥을 연출한 인간들이 어찌 영혼으로나마 구제되기를 바랄 수 있겠는가.

사람은 누구나 언젠가는 죽게 마련이다. 또한 죽는 것이 끝이 아님도 사실일진데, 죽은 후를 대비해 살았을 때, 많은 것을 알 필요가 있고, 또 우주의 법칙이 무엇인가를 깊이 깨달아 옳게 산다는 것이 매우 중요한 일이라고 필자는 생각한다.

육체를 버린 영혼들이 저승으로 가지 않고 살아 있는 사람들의 몸에 빙의되는 사실이 점점 늘어간다는 것은 바로 인류의 종말을 뜻하는 것이다. 이 문제에 대해서 우리 모두가 깊이 반성하여 죽어서 빙의령이 되지 않도록 깨달아야 될 것으로 생각한다.

5. 윤회설은 어째서 옳은가?

기독교를 제외한 거의 모든 종교에서는, 인간이 몇번씩 죽은 다음에도 거듭 태어난다는 윤회설을 믿어 왔는데 그중에서도 가장 대표적인 종교가 불교가 아닌가 한다.

불교의 경전(經典) 가운데 《본생경(本生經)》이라는 것이 있는데, 이것은 석가가 금생(今生 : 이승)에서 다만 6년간의 수행만으로 성불(成佛)한 것이 아니라 지난 5백번의 전생(前生)에 걸쳐서 짐승이나 사람으로, 사람 중에서도 천인(天人)·귀인(貴人)·부인(富人)·국왕(國王)등 모든 몸으로 태어나서 그때마다 항상 선행(善行)만을 행한 결과 금생에 와서 성불(成佛)하게 되었다는 이야기가 실려있는 경전이다.

그 한역(漢譯)은 단편적인 것이 약간 있을 뿐이나 파리어 원전(巴利語 原典)으로는 완전히 전해오고 있다고 한다.

근세에 와서 인간에게 전생(前生)이 있다는 것을 밝혀 기록에 남긴 이로는 미국의 작고한 영능자(靈能者)인 에드가·케이시가 있다.

그는 전생(前生)을 보는 것을 '라이프·리딩'이라고 이름지었고, 1만 2천명에 이르는 임상 기록을 남기고 있다.

그의 '라이프·리딩'에 의하면, 오늘날의 미국인들은 그

대부분이 지금부터 1만여년 전에 침몰된 아트랜틱 대륙에 살던 당시 주민들의 재생(再生)이라고 했고, 20세기 말에 일어날 지구의 대변동에 대해서 많은 예언을 남기고 있다.

그 예언 가운데에는 이미 실현된 것도 있다고 한다.

필자는 지난 4년 동안 많은 사람들의 영사(靈査)를 통해 전생(前生)과 금생(今生)에는 끊을래야 끊을 수 없는 깊은 인과관계가 있음을 확인한바 있거니와 흔히들 전생의 잘못이 금생에 고통을 가져 온다고 보고 있는데, 이것은 처벌을 뜻하는 것보다는 인간의 영혼이 진화하여 종말에 가서는 우주대생명과 하나가 되기 위한 수련과정이라고 보는 것이 옳다고 생각한다.

사람은 자기가 뿌린 행동의 씨앗이 열매가 되어 자기에게 돌아오는 것을 경험함으로써 어떤 행위는 금해야 되고, 또 선행(善行)이란 곧 공생(共生)의 법칙임을 점차 깨닫게 마련이 아닌가 생각된다.

거듭 말하지만, 인간의 본질은 육체 속에 들어 있으면서 육체를 지배하는 일종의 전자파 생명체(電磁波 生命體)인 영혼이지 육체는 결코 아니다.

육체란 하나의 우주복과 같은 것에 지나지 않는다. 우주복 없이 우리가 우주공간에서 존재하기 어렵듯이, 육체의 도움 없이는 우리가 3차원의 현상세계(現象世界)에서 많은 경험을 얻기가 어려운 것이다.

사람이 죽은 뒤에 찾아가는 유계(幽界) 또는 영계(靈界)는 염(念)의 세계이기 때문에 무엇이고 마음에 그리기만 하면 곧 이루어지는 세계라고 한다. 여기가 지옥이구나 생각하면 그렇게 생각한 영혼의 사념력(思念力)에 의해 그 주위에 곧 지옥이 나타나게 마련이며, 남을 미워하면 곧 그것이 상대방에게 전달되고 따라서 그 반사작용(反射作用)도 즉시 일어나게 된다는 것이다. 따라서 수양이 부족한 보통 사람의 영혼이 오래 머무르기에는 몹시 견디기 어려운 곳이 저승이라고 할 수 있다. 그러나 우리가 살고 있는 이승인 이 세상은 그렇지가 않다.

우리가 가령 어떤 나쁜 생각을 갖고 있다고 해도 그 생각을 입밖에 내지 않거나 행동에 옮기지 않으면 이 사실을 세상 사람들은 아무도 모르게 되어 있는 것이다.

따라서 우리는 나쁜 생각을 했다가 취소할 수도 있고, 또 단순한 생각만으로 그칠 경우는 본인에게 그 보복은 돌아오지 않게 마련이다.

그런데, 수양이 덜 된 영혼은 죽은 뒤에도 잠시 유계(幽界)에 갔다가는 곧 이승으로 돌아오게 마련이라고 한다.

또한 대부분의 사람들이 이 세상에 대해서 몹시 애착을 갖고 있는 것도 인간이 몇번이고 거듭 태어나야만 되는 중요한 원인의 하나라고 할 수 있다.

사람이 이 세상에서 잘못하고도 아무런 처벌을 받지 않았을 경우, 다음에 다시 태어난 후에는 자기가 뿌린 행위의 결과를 반드시 열매로써 거두게 되어 있다.

이같은 윤회를 몇번이고 반복하는 가운데, 모든 사람들은 우주의 대법칙, 인과(因果)의 법칙, 공존상생(共存相生)의 법칙, 그리고 모든 생명은 하나같이 큰 우주 생명에서 발생한 분지(分枝)와 같은 것이어서 진화의 차이가 있을 뿐, 그 뿌리는 같음을 깨닫게 되는 것이다.

커다란 느릅나무도 작은 씨앗에서 부터 크기 시작하고 그 씨앗에는 큰 나무가 될 수 있는 모든 유전 정보가 하나도 빠짐없이 담겨져 있듯이, 인간은 하나님의 자녀(子女)이기에 진화의 극치에 이르면 하나님과 같이 지혜롭고 능력있는 자비와 사랑의 구존체(具存體)가 될 수 있는 것이라고 생각한다.

윤회설이 사실이 아니라면 하나님도 계시지 않는다는 것이 되고, 이 세계는 부조리에 가득찬 세계가 될뿐만 아니라 모든 수단방법을 통해 이 세상에서 잘 살기만 하면 된다는 찰나주의 사상의 노예가 될 수밖에 없을 것이다.

인간의 삶에는 목적이 없게 되고, 하등동물들과 조금도 다를바가 없게 된다.

그러나 인간의 본질은 영혼이며, 영혼은 영원을 사는 생명체(生命體)이기에 우리는 몇번이고 거듭 태어나서 하나님[우주의 대원리(大原理) 그 자체임]의 슬기를 터득하여 언젠가는 하나님과 하나가 되는 날을 위해 노력해야 하는 것이라고 생각한다.

6. 미래를 본다

'내년 이야기를 하면 귀신이 웃는다'는 일본 속담이 있는데, 그만큼 미래는 불확실하다는 의미일 것이다.

그동안 필자는 여러 권의 책을 통해서, 또 개인적으로 필자와 접촉한 많은 사람들에게 불교에서 말하는 윤회사상이 사실에 입각한 것이라는 것을 몇번이고 강조해 왔고, 그들의 전생(前生)에 대한 이야기를 20여년간 반복해 왔다.

전생에 얽힌 사연이 현재의 행·불행과 직결되어 있음을 깨닫고 크게 심경에 변화를 일으켜 현재의 불행한 환경 속에서 뛰쳐나온 사람들도 굉장히 많지만, 필자가 하는 이야기를 건성으로 받아 넘긴 사람들도 또한 많았다.

한편, 전생(前生)은 이미 있었던 일이니까 어떠한 방법으로 알아낼 수가 있겠지만, 앞으로 일어날 일들도 알 수가 있느냐 하는 질문을 해온 사람들이 굉장히 많았던 것으로 기억한다.

물론 우리의 미래도 어느 정도는 투시가 가능하다.

미래상(未來像)이란 먼저 영계(靈界)에서 구성된 뒤에 현상세계(現象世界)에서 나타나는 것이므로 영계에서는 이미 원본(原本)이 만들어진 상태에 있는데, 뛰어난 영각자(靈覺者)라면 능해 짐작할 수 있는 일이라고 생각한다.

영계(靈界)란 우리가 살고 있는 3차원 세계와는 달리 염(念)의 세계이고, 4차원, 5차원 이상의 세계이기 때문에 그곳에는 과거 · 현재 · 미래가 동시에 존재할 수 있는 곳이라고 생각한다.

필자가 자기 방 안에 앉아 있으면 방안 밖에 보이지 않지만, 성층권까지 높이 올라가면 신의주에서 부산까지 한 눈에 내려다 볼 수 있듯이 시간과 공간이 없는 고차원의 세계에는 과거 · 현재 · 미래가 동시에 존재할 수 있기 때문이다.

노스트라다므스나 《정감록》을 집필한 예언자들은 과거에 생존했던 사람들이지만 미래를 예언함으로써 유명해진 것이 또한 사실이다. 사람들은 과거도 알고 싶어하지만 그보다 못지 않게 미래에 일어날 일들을 알고 싶어한다.

매년 점술가(占術家)들에게 들어가는 수입이 엄청난 것은 바로 그 좋은 예라고 할 수 있다. 그렇다. 미래는 알 수가 있다. 그러나 미래를 알 수 있는 것만으로는 여러가지로 불만이 많다. 우리는 앞으로 닥쳐올 일을 미리 알게 됨으로써 미래를 수정할 수도 있어야 되기 때문이다.

20년 전이지만, 1974년에서 1976년의 3년은 불교에서 말하는 선천시대(先天時代)였었기 때문에 몇번이나 세계는 위험한 고비를 넘기곤 했었다.

이때는 또한 예수님이 탄생하셨던 쌍어궁시대(雙魚宮時代)가 끝나고 새로운 보병궁시대(寶甁宮時代)로 들어가는 고비가 되는 3년이기도 했었다.

그 당시를 회고할 때, 세계가 불바다가 되어 멸망할 가능성이 있었으므로 1976년은 전세계적으로 몹시 가물었던 것이라고 필자는 생각했었다. 그런데, 그동안 중공에서 대지진이 세번이나 거듭 일어난 것이 한국전 재발의 브래이크 구실도 했다는 사실을 과연 몇사람이나 알고 있었을까.

미래상(未來像)은 영계(靈界)에서 그 원본이 만들어지는 것이라고 할 때, 누군가가 그 원본을 수정할 수 있는 힘이 있어서 그 능력을 행사한다면 미래상은 어느 정도 바꾸어질 수도 있다고 생각한다.

우리가 살고 있는 이 지구가 파멸하느냐, 또는 유토피아로 넘어가느냐 하는 핵심이 우리들의 마음 가짐에 달린 문제라고 생각하는 이유는, 많은 사람들의 집중된 염력(念力)이 영계에서 만들어지는 원본에 큰 영향을 주기 때문이다.

최근에 와서 우리 한국은 복받은 나라라고 생각하는 사람들이 많은데, 국민들의 염력 작용으로 대풍년을 이루었다면 곧이 들을 수 있는 사람들이 과연 몇이나 될 것인가.

기회만 있으면 전쟁을 도발해서 대한민국을 불바다로 만들겠다는 사람들이 살고 있는 북한은 유난히 가물어서 대흉년이 된 사실을 우리들은 어떻게 설명할 것인가?

지난 1970년대에 수차 나타난 현상이지만, 같은 좁은 나라 안에서 어째서 북쪽은 흉년이 들고 남쪽은 대풍년이 들었는가, 누구나 한번쯤은 깊이 생각해 볼 문제라고 필자는 생각한다.

칼로 정복한 자는 칼로 망한다는 말이 있다. 1977년 연두교서에서 우리나라 대통령이 북한 동포들에게 식량원조를 할 용의가 있다고 발표했는데, 이것은 우주의 기본원리인 공존공생적 사랑의 정신을 표현한 것으로 영적(靈的)으로 보아 굉장히 의미가 있다고 필자는 생각한다.

서두가 너무 길었던 것 같아서 이제부터 본론으로 들어갈까 한다. 솔직하게 말해서 현재까지 알려져 있는 미래상의 각본은 비관적이다.

전세계적으로 심해가기만 하는 각종 공해, 이에 따르는 기후의 이상, 오염된 환경이 인간에게 끼치는 생물학적인 변화는 인간의 생식능력(生殖能力)을 파괴시키고 있어 기형아 출산이 늘고, 통증없는 제왕절개 수술로 분만하려는 젊은 신세대 부인들[이것은 결코 무심히 보아 넘길 문제가 아니라고 생각한다], 남자들도 역시 조루증과 성적으로 불능자(不能者)가 날로 늘어가고 있는 현실이다.

20년 전만 해도 40대 이후에나 발병하던 각종 암환자들이 거의 모든 연령층을 망라하고 있는 현실, 죽어서 유계(幽界)로 가지 않고 산 사람들에게 빙의해서 일어나는 난치병과 불치병들, 날이 갈수록 각박해져 가는 인심, 자원의 고갈, 인류가 이런 현실들을 그냥 보고만 있을 때, 지구 위에는 조만간 지각의 대변동이나 대지진이 연달아 일어나고 예언서에 나온 것처럼 일본과 같은 나라는 송두리채 바다로 가라앉을 가능성 마저 생길지도 모른다.

많은 학자들이 우리 인류에게는 이미 미래는 없다고 주장한 사실도 널리 알려져 있다. 그들은 생물학적으로 더 이상 진화가 불가능해진 인류가 이제 멸망을 향해 치닫는 수 밖에 없을 것이라고 말했다.

그러나 필자는 그렇게 생각하지 않는다.

필자가 개발한 '체질 개선법'을 좀 더 연구발전시키면 인류사회는 초인간(超人間)의 집단으로 진화되리라고 믿기 때문이다.

장기간에 걸친 진동수 복용만으로도 시각적으로 다르게 두개골 형태가 바뀌고, 성격에 변화가 나타나며, 인생관에 변화가 생겨 노인이 젊어지고 난치병·불치병이 완치된 실례를 수없이 지켜보는 가운데 필자는 하나님께서 우리 인류를 아주 버리시지는 않으셨구나 하는 벅찬 기쁨을 느꼈다. 그러나 현재 필자가 하고 있는 일의 규모 갖고는 세계를 구한다는 것은 잠꼬대에 속하는 일이라는 것도 또한 뼈저리게 느끼고 있다.

필자가 운영하는 연구원을 다녀 간 많은 사람들이 현대의 학적으로 보면 기적이라고 할 수 있는 혜택을 받았지만 그들은 모두 몇푼 안되는 돈들을 내고 조용히 떠나갔을 따름이었다.

누군가 독지가가 나타나 하나의 재단을 형성할 수 있는 도움이 없는 한, 필자가 모처럼 개발한 체질개선법은 크게 각광을 발휘하지 못할 것은 너무나 분명한 일이다.

필자 한 가족이 부족없이 살아가는 데는 현재로도 아무런 지장이 없지만 공해에 멸망해 가는 이 세계를 구하기 위해서는, 하늘의 도움과 더불어 재력 있는 사람의 도움이 없이는 불가능하다.

아직 필자의 능력이 부족하고 때가 되지 않았기 때문이라고 자위하면서 스스로 매일같이 경건하고 겸손한 마음으로 노력할 따름이지만, 만일 여기 필자의 꿈이 이루어져 하나의 재단이 형성되었을 경우에 어떻게 세계를 위해 공헌할 것인가 하는 이야기를 해볼까 한다.

오늘의 세계는 모든 능력을 경제력으로 평가받는 시대이다.

필자가 개발한 체질 개선법이 본질적으로 아무리 훌륭할지라도 경제적인 뒷받침이 없을 때는 외부세계에서 그 가치를 평가 받기가 매우 어렵다는 사실에서, 우선 세계를 향해 외칠 수 있는 발판이 필요하다.

출판사가 발행하는 각종 저서(著書)를 통해, 특히 영역

(英譯)·불역(佛譯)이 되어 소개될 때, 세계적으로 뜻있는 사람들의 관심을 집중시킬 수가 있을 것이다.

한편, 필자가 중심이 되어서 많은 능력자들을 양성하려면 회관도 있어야 한다.

이런 기본 요건이 갖추어지면 우리나라 안에서도 많은 능력자들을 동지로서 포섭할 수 있고, 이런 사실들이 뉴스를 통해 세계에 알려질 때, 외국의 부유층에 속하는 난치병·불치병 환자들을 치유시키면, 재단은 그 기금이 더욱 더 커질 수 있지 않겠는가?

충분한 재력이 생기면 전세계에 널려 있는 많은 아마추어 발명가 또는 4차원 과학을 연구하는 외로운 발명가들을 발굴해서 그들의 후원자가 됨으로써 정말 유익한 발명품들을 대량으로 생산 공급시킬 경우, 오늘날의 잘못된 기계문명으로 병든 세계를 천천히 바로 잡아 나가는 하나의 작은 구실은 충분히 할 수 있을 것으로 생각한다.

그러다 보면 같은 뜻을 가진 많은 인재들이 전세계적인 규모로 단합하게 될 것이고, 세계는 차차 밝은 곳으로 나가게 될 것이다.

우선 제일 급한 것은 체질 개선법을 널리 보급시킴으로써 우주의식(宇宙意識)에 눈뜬 초인(超人)들을 대량으로 양성해 내는 일이라고 생각한다.

인간이 우선 변해야 한다. 인간이 좀더 지혜로워지고 착해지는 것이 우선 급한 일이고, 또 건강해져야 한다고 생각한다.

오늘날 과학계(科學界)의 숙제로 남아 있는 '반중력(反重力)엔진의 개발'이 성공되면 우선 우리는 차량 공해에서 해방될 수가 있을 것이고, 인간을 완전히 건강하게 만들어서

'수명 연장법'이 상식화 되면 좀더 많은 일들을 우리 모두가 할 수 있지 않겠는가.

땅 위에 지상낙원이 이루어지지 않는 한, 죽은 뒤 낙원에 간다는 것은 불가능한 일이라고 생각한다.

정부는 국민의 세금으로 운영되는 것이기 때문에 일반국민이 잘 이해하지 못하는 일에 돈을 쓸 수가 없고, 각 재벌은 자기들대로 사정이 있어서 오히려 공해산업에 박차를 가하고 있는게 오늘의 현실인데, 그렇다면 아무도 우리의 미래를 밝은 곳으로 인도할 자는 없다는 이야기가 아니겠는가.

이대로 가면 어느날 갑자기 세계는 종말을 고(告)할 것이 너무나 분명한 사실이라고 생각한다.

뜻을 같이 하는 세계의 영능력자(靈能力者)와 영각자(靈覺者)들이 한데 뭉쳐서 4차원 과학연구 후원단체를 만들 때, 우리는 다시 희망을 찾을 수 있다고 필자는 확신한다.

오늘날의 과학문명을 우주적인 차원에서 보면 아직 유치한 단계를 벗어나지 못하고 있다는 사실을 우리 모두가 깊이 인식해야 될 것으로 생각한다.

장기적인 안목으로 볼 때, 오늘의 지구문명은 집단자살로 가는 길을 닦고 있는 것에 지나지 않는 것이기 때문이다.

'뜻 있는 곳에 길이 있다'고 했다. 이 목숨 다하는 날까지 필자는 최선을 다해 볼 생각이다. 결국 우리의 미래는 우리가 새로 창조해야 한다는 것, 그런 노력을 게을리하거나 또는 포기할 때, 우리 인류는 머지 않아 이 땅 위에서 자취를 감추고 말 것이라는 것을 다시 한번 강조하고 싶다.

7. 진동수(振動水)의 나라 —— 한국

일찌기 인도의 시성(詩聖)인 타아골은 '고요한 아침의 나라'인 한국에 앞으로 하늘의 큰 축복이 내려질 것을 노래했고, 얼마 전에 한국에서 크게 부흥회를 연바 있는 빌리그레함목사는 그의 기도 중에서 '한국에 하나님의 성령(聖靈)'이 오래 머무르실 것이라는 이야기를 한 바가 있었다.

우리나라는 우리가 놓여진 특수한 지리적인 요건 때문에 항상 이웃의 큰 나라로 부터 위협을 받아 왔고, 그래서 사대주의(事大主義) 사상들이 몸에 배었으며, 자신의 무능력을 한탄한 나머지 스스로를 엽전(葉錢)이라고 업신여기는 풍조가 오랫동안 지배해 온 것도 사실이다.

흔히들 한국인은 단결하기 어려운 백성이오, 이기적이라는 이야기를 주위에서 들어온 것도 사실이지만 이것은 지난 왕조시대(王朝時代)때 지배계급이었던 관리들이 백성들을 사랑으로 다스리지 않고 수탈을 일삼은 악습에 그 대부분의 책임이 있다고 필자는 생각한다.

70년대에 전국적으로 새마을 운동이 활발하게 전개된바 있었고 국민들도 잘 살아보겠다는 의욕으로 노력한 끝에, 사실상 역사적으로 가장 풍요로운 경제 생활을 유지하게 되었다.

그러나 아직도 국토는 둘로 분단이 되어 있고, 언제 터질지 모르는 전쟁의 위협 속에 살고 있는 것이다. 그래서 대부분 많은 한국인들은 자신이 축복 받은 나라의 백성이라는 자각(自覺)을 갖지 못하고 있는 것이다. 허나 필자는 한국이야말로 하늘의 축복을 받은 나라임을 믿어 의심하지 않는다.

우선 우리나라에는 지진(地震)이 없다. 4계절(季節)이 분명하고 시골에 가면 아무 데도 20자만 파면 깨끗한 지하수가 얼마든지 나오는 나라다(현재는 오염된 지하수때문에 문제되고 있다).

한국인들은 흔히들 생각하기를 의례 땅 속에서 나오는 물은 마실 수 있는 것으로 알고, 세계 다른 나라도 모두 그럴것으로 추정하면서도 고마워 할 줄 모르고 있는 실정이다.

그러나 사실은 그렇지 않다. 대부분의 다른 나라들은 항상 지진의 위협 속에 살고 있고, 지하수는 의례 못마시는 것으로 되어 있는 것이다.

물론 마실 수 없기 때문에 독일에서는 맥주가 음료수 대용품이 되었고, 프랑스에서는 포도주와 우유가 물 대신 노릇을 하고 있으며, 중국과 일본은 차문화(茶文化)가 발달된 것임을 우리는 알아야 한다.

펄펄 끓인 물은 본질적으로 생명소(生命素)가 없는 죽은 물이라는 사실을 아는 이는 드물다.

사람의 몸은 80퍼센트 이상이 수분으로 이루어져 있으므로 신선한 물을 항상 마실 수 있다는 고마움을 알아야 한다. 공해라는 것을 모르던 시대에 우리는 숨쉬는 공기의 중요함을 깨닫지 못했었다. 마찬가지로 지하수를 마실 수 있는 환경에 놓여 있게 되면 그 고마움을 모르고 지내게 된다.

하늘이 우리에게 석유자원을 주지 않은 것을 원망할 줄은 알아도 생명수(生命水)가 될 수 있는 물이 풍부하게 주어진 고마움을 우리들은 모르고 있는 것이다.

필자는 지난 몇년에 걸쳐서 수도물에 '옴 진동'을 가해 주어서 그 물이 생명수로 변함을 수천명의 임상시험에서 확인한 바 있고, 더욱이 카셋트 테이프에 수록한 '옴 진동'이 진동수를 만들 수 있으며, 병든 환자들의 몸을 거의 기적적으로 회복시킬수 있다는 사실을 지난 20여년간 매일과 같이 경험하고 있다.

진동수를 장기 복용하면, 육체의 체질을 완전히 바꾸어 놓을 뿐만 아니라 성격에 까지 변화를 가져오며, 심지어는 노화현상도 정지될 뿐만 아니라 회춘도 가능하다는것. 심한 알콜 중독 환자가 술을 싫어하는 체질로 바뀌며, 각종의 세균성 바이러스성 질환도 치유될 수 있다는 발견은 정말 놀라운 일이 아닐 수 없다.

'옴 진동'을 담은 카셋트 테이프는 미국과 독일에도 나간 바 있는데, 그곳 물들은 석회분이 많아서 진동 처리만 해도 그대로 '젊어지는 샘물'이 되고 생명수(生命水)가 된다는 사실을 몇년에 걸친 임상시험 끝에 확인하고 필자는 하늘의 큰 축복이 우리에게 주어졌음을 믿어 의심치 않는다.

이런 발견은 역사상 그 누구도 시도해 본 적이 없는 세계적인 발견임을 필자는 자부하고 있거니와, '옴 진동'을 가해준 결과 중성(中性)이던 수도물이 이상적인 약한 알칼리성을 띄운 물(PH 7.4)로 변한다는 것은 이미 국립보건연구원의 시험 결과가 증명하고 있다.

이것을 아직은 일반적으로 잘 모르고 있고 또 쉽게 이해하려고도 하지 않는게 사실이지만, 앞으로 얼마 후에는 한국이 진동수 곧 생명수를 수출하는 나라가 될 것을 필자는 조금도 믿어 의심하지 않는다.

매우 간단한 공정을 통해 공장에서 대량으로 생산할 수 있고 이것이 우리나라 수출산품의 대종을 이루게 되면, 생명수인 진동수를 우리나라 수도국에서 직접 가공해 일반가정에 보급하게 될 날도 기대할 수 있을 것이다.

물론 그렇게 되는 과정에는 많은 반발도 있으리라고 생각되지만 결국 필자의 생각대로 일은 진행될 것으로 여겨진다.

외국의 부유한 사람들이 한국 이민을 원하는 예가 많아지기때문에 이에 대한 제한도 자연히 있어야 되리라는 것을 필자는 예견한다.

공해로 멸망해 가는 세계에 새로운 희망의 등불을 높이 치켜들고 체질개선과 초인간(超人間)들이 사는 나라, 그것이 바로 미래의 한국이 될 것이라고 나는 생각한다.

또 지난 몇 천년 동안 짓밟혀만 왔던 민족으로서의 자존심을 되찾게 되는 날도 멀지 않으리라. 우리는 해방 이후 여러 우방(友邦)들의 많은 도움만 받아 왔지만 이제 앞으로 우리가 은혜를 갚을 수 있는 날은 멀지 않다고 생각한다.

6·25 때, 16개국이 참전해서 우리를 구해준 것, 이것을 어찌 하늘이 내린 축복이라고 말하지 않겠는가!

우리는 하늘의 축복과 우방들의 도움에 대해서 감사할 줄 아는 국민이 되어야 될 줄로 생각한다. 또한 후천세계(後天世界)의 선민(選民)으로서 세계를 위해 봉사할 줄 아는 국민이 되어야 할 것이다.

제 1 장
기구한 인연

1. 기구한 인연

세상에는 아무리 생각해도 기구한 인연이라고 밖에 표현할 수 없는 그런 생활을 하고 있는 부부들이 많을 것으로 생각된다.

남편은 아내를 지극히 사랑하고 아끼는 나무랄데 없는 가장(家長)인데 부인은 남편을 싫어한다. 아니 싫어하는 정도를 넘어 증오한다. 주위 사람들이 보기에도 남편에게는 아무런 잘못이 없으며 남편을 미워하는 부인의 정신 상태에 잘못이 있지 않느냐 할 정도면 이것은 분명히 기구한 인연에 속하는 것이라고 할 수 있으리라.

단 한번이라도 지난 날, 남편이 외도를 한 일도 없을 뿐더러 그토록 극진히 아내를 사랑했고, 또 인물도 훌륭한데 어째서 아내는 그토록 남편을 미워하는 것일까?

또 부인이 겉으로 드러내 놓고 남편을 미워하는 데도 남편의 애정에 아무런 변화가 없는 것도 이것 역시 세상의 상식으로서는 납득이 가지 않는 이야기가 아닐 수 없다.

필자가 보기에 그 부인은 절세의 미인도 아니며 오히려 길거리 어디에서나 흔히 찾아볼 수 있는 평범한 가정주부에 지나지 않고, 오히려 사진으로 본 남편의 인품이 더 훌륭했기에 더욱 여기에는 무엇인가 깊은 사연이, 그것도, 이 세상에 원인이 있는 것이 아닌 전생(前生)에 그 원인을 찾아 보아야 되는 것이 아닐까!

첫번째 이야기

수년 전 늦은 가을, 어떤 중년 부인이 필자를 찾아온 일이 있었다. 아들이 심령과학 시리즈의 애독자여서 그 권고로 찾아왔노라고 했다.

심장 기능에 이상이 있는 것을 쉽게 알아볼 수가 있었다.

"혹시 정신적으로 큰 충격을 받은 일이 없습니까?"

"그런 일은 없는데요. 제 생각에 제 병은 남편때문에 생긴 것이 아닌가 합니다. 지금이라도 남편과 헤어지기만 하면 저절로 완쾌될 것 같습니다."

"남편이 외도를 한다든가 성격이 몹시 거칠다든가 해서 그런가요?"

"아닙니다. 저의 남편은 가정에 충실한 사람이고 또 저를 지극히 사랑해 주고 있습니다. 하지만 생리적으로 싫은거야 어떻게 합니까? 말하는 모습도 보기 싫고 걷는 모습이며, 하여튼 남편에 관한 한 하나에서 열까지 싫은 거죠. 첩이라도 얻어서 따로 살았으면 생각했던 적도 있었죠. 더구나 남편이 흠잡을데 없는 인격자라는 것이 저는 더 견딜 수 없습니다. 제가 당당히 미워할 수 있는 구실을 하나도 주지 않으니까요. 다른 남자같으면 벌써 이혼을 하고도 남았을 겁니다. 인제 남은 일이란 죽을 때가지 견디는 것, 그리고 애들 가운데 누구고 결혼하면 남편 곁을 떠나서 결혼한 아이하고 함께 살게 되는 것만이 제 소망입니다. 물론 죽어도 무덤은 따로 쓸 생각입니다."

이렇게 단호할 수가 없을 정도로 냉정한 표정이었다.

"복에 겨워서 그러시는게 아닌가요. 아니면 혹시 결혼하시기 전에 따로 사랑하던 사람이 있었는데 어떤 사정으로 헤어지게 되었다든가 한게 아닌가요?"

"원 당치도 않는 말씀이에요. 저는 그런 사람은 없습니다. 주위에서도 모두 그렇게들 이야기 하는 것은 사실입니다. 세상에는 아내를 학대하고 가정에 충실치 못한 남편이 많다는 사실은 저도 잘 알고 있습니다. 그래서 저도 아무런 이유없이 이렇게 남편을 미워하다가는 큰 벌을 받게 될 것 같아서 남편을 싫어하지 않으려고 모든 노력을 다해 보았지만 모두가 허사였습니다."

"자녀(子女)들은 없나요?"

"왜요. 애들은 넷이나 있습니다. 모두가 착하고 공부들도 잘 합니다. 이 애들이 불행해질까봐 억지로 참고 살아가는 겁니다."

하고 부인은 한숨을 몰아 쉬었다.

이 부인의 경우는 도저히 상식으로는 납득이 가지 않는 이야기였다.

반드시 전생(前生)에 무슨 원인이 있거나, 아니면 남편을 미워하다가 죽은 사람이 주위에 있어서 그 영혼이 빙의되어 일어나는 현상이 아닌가 필자는 판단을 내리지 않을 수 없었다.

사진을 보고 전생의 비밀을 푼다

"내일이라도 좋으니 남편되시는 분의 사진을 가져오십시오. 아주머니의 마음 속 깊이 간직되어 있는 아주머니도 모르는 원인을 알아내기 전에는 여기서 시술받는 것이 아무런 도움도 되지 않을 것 같군요."

다음날 그녀는 남편의 사진을 갖고 왔다. 사진을 본 순간, 필자는 소스라치게 놀라지 않을 수 없었다.

환자와 그녀의 남편과의 전생(前生)에서의 인연이 너무나 뜻밖의 것이었기 때문이었다.

사진을 본 순간, 두 사람의 전생에서의 인연이 그대로 그림으로 떠올라 왔고 그 사연을 알고 보니 부인이 남편을 싫어하는 까닭이 충분히 이해가 되었기 때문이기도 했다.

지금으로 부터 몇백년 전인 이조 중종(中宗)시대가 아니었던가 한다. 경기도 과천 땅에 이름난 양반 댁이 있었다. 조부 대(代)에서는 정승판사를 지낸 집안이었는데 이집 외며느리가 시집온 지 9년이 되어도 출산을 하지 못했다. 잘못하면 집안의 대(代)가 끊어질 판이라, 집안 식구들은 물론이오 문중에서도 말들이 많았다.

더 늦기 전에 어서 며느리를 친정으로 돌려보내고 새색시를 맞아들이자고 주장하는 이도 있었지만, 당사자들이 남달리 의가 좋고 또 며느리의 인품과 사람됨이 나무랄데가 없었기에 시부모들은 쉽게 용단을 내리지 못하고 있었다.

한편 이들 집안은 독실한 불교신자들이었다.

그들이 다니는 절은 용화사(龍華寺)라는 절이었다.

이 절의 부처님께 백일치성을 드리고 아들을 낳았다는 이야기를 누구에게서 들은 새댁은 시부모에게 간청을 했다.

어차피 자식을 낳지 못해 조만간 친정으로 돌려보내기로 마음 먹었던 며느리였다. 시부모들은 쾌히 승낙을 했다.

새댁은 그날부터 용화사에서 기거를 하면서 정성으로 기도를 드렸다.

백일동안 한번도 자기 처소를 떠나지 않고 오직 마음은 한 가지 귀한 아들 낳기가 소망이었다.

부인이 절에 들어온 것은 한 여름이었는데 백일이 지나자 가을이었다. 무르익었던 녹음이 누렇게 단풍이 드는 계절이었다. 뒷산에서 들려오는 새들의 울음소리도 어쩐지 더 구슬프게 들리곤 했다. 백일째 되던 날 아침 주지스님이 새댁을 찾았다.

"오늘로서 백일치성이 끝나는 날입니다. 목욕재개하시고 열심히 기도를 드려야 합니다. 혹시 밤중에 무슨 일이 일어나더라도 절대로 소리를 지르거나 놀라거나 해서는 안됩니다."

부인은 말없이 고개를 끄덕였다.

그날 저녁 주지스님은 이상한 옷을 한벌 갖다 주었다. 속옷도 입지 말고 이 옷만 걸치고 있으라고 하면서 어쩐 일인지 스님은 부인의 얼굴을 바로 보지 못했다.

순간, 부인은 왜 그런지 불안한 느낌이 들면서 가슴이 뛰었으나 그 까닭을 알 수가 없었다.

그날 밤이었다. 밤 늦게까지 정성껏 기도를 드리다가 부인은 너무도 고단해서 그 자리에 쓰러져 잠이 들었다. 여느때하고 달리 이상하게 잠이 쏟아져 왔다.

저녁 식사 후 마신 식혜가 왜 그런지 마음에 걸렸다.

(자서는 안된다. 오늘이 마지막 치성을 드리는 날인데 잠들어서는 안된다. 나무관세음보살)

아무리 안간 힘을 써도 두 눈은 자꾸 잠기기만 했다.

부인은 어느덧 깊이 잠이 들어버리고 말았다.

얼마를 잤던 것일까? 부인은 꿈에 법당 부처님이 자리에서 일어서시며 한 동자(童子)를 자기에게 안겨주는 것을 보았다.

"부처님 감사합니다. 나무관세음보살"

부인은 부처님이 주시는 어린 아이를 정성껏 받아 안았다.

그런데 이상한 일이었다. 그 아이가 그렇게 무거울 수가 없었다. 가슴이 짓눌리는 것 같았다.

몸부림치다 잠에서 깬 부인은 자기 몸이 육중한 사나이에게 짓눌려 있음을 알았다.

달도 없는 깜깜한 밤이었다. 지척을 분간할 수가 없었다.

부인은 정신을 차렸으나 이미 사나이와는 한 몸이 된 뒤였다. 백일 동안이나 남편과 멀리 했던 부인이었다.

자기와 한몸이 된 사나이가 누군지 알수가 없었고, 두려운 마음이 들기도 했으나 한편 꿈에 부처님이 어린 아이를 품에 안겨준 것이 너무나도 자상했기에 부인은 끝까지 사나이의 품에서 벗어나려고 애쓰지는 않았다. 아니 어느덧 부인은 생후 처음 맛보는 황홀경에 빠져들어 가는 자기 자신을 어쩌지 못했다.

이럴 수가 없다고 생각하면서도 몸이 말을 듣지 않았다.

물밀듯이 밀려오는 짜릿한 느낌과 황홀감에서 영 헤어날 수가 없었다. 자기와 한몸이 된 사나이는 남편과 달라 우람하기 비할데 없었다. 힘이 장사였다.

두 사람은 운우(雲雨)의 정이 무르익는 순간, 자기도 모르게 신음소리를 내면서 힘껏 끌어안았다. 이어 부인은 물밀듯이 밀려드는 깊은 잠 속에 빠져들고 말았다.

다음날 아침 잠에서 깬 부인은 새삼스럽게 두려운 마음이 들었다. 곁에는 이미 사나이의 그림자는 찾을 길이 없었다.

어쩌면 어젯밤 있었던 일은 꿈같기도 했다. 그러나 얼룩진 자리를 보니 분명 꿈은 아니었다.

이날 총총히 작별인사를 하는 부인을 주지스님은 어쩐지 바로 보지 못했다. 이날 이후 부인은 태기(胎氣)가 있어서 귀여운 아들을 낳았다.

시댁에서는 경사가 났다고 잔치를 벌리고 기뻐했지만 부인은 아무래도 이 아이가 남편의 자식 같지가 않았다. 차차 성장함에 따라서 주지스님과 닮은 데가 있는 것 같기만 했다.

세월은 흘러서 아들은 열여섯이 되었다. 지난 해에는 이미 향시(鄕試)에도 합격을 했고 과거에도 장원급제를 했다. 그 뒤 순조롭게 출세를 해서 어머니가 환갑이 되던 해에는 이조판서까지 벼슬이 올랐고, 아들 딸 합해서 6남매를 두었다. 그러나 부인은 언제나 마음 한구석이 어둡기만 했다.

한편 용화사 주지스님의 일생도 번민에 싸인 괴로움의 연속이었다.

부처님을 섬기는 스님으로서 큰 죄를 지었다는 뉘우침과 더불어 아들을 아들이라고 부르지 못하는 괴로움이 엇갈리는 가운데 그의 번민은 끝날줄을 몰랐다.

(부처님 소승은 큰 죄를 지었습니다. 그러나 그일로 해서 부인은 시댁에서 쫓겨나지 않았고 또 집안이 번성했습니다. 원하옵건데, 제가 성불(成佛)하는 것을 뒤로 미루어도 좋으니 다음 세상에서는 떳떳하게 지아비와 지어미가 되게 하여 주소서.)

"그러니까 그때의 스님이 바로 지금의 남편이 아닌가 생각됩니다. 전생(前生)에서 파계(破戒)하면서 까지 부인을 구해준 사람입니다. 부인은 그때 절에서 받은 너무나 큰 충격

때문에 생리적(生理的)으로 남편을 싫어하게 된 것이 아닌가 합니다. 현재도 남편은 부인을 사랑하고 있지 않습니까? 이것을 깨닫게 되면 부인의 남편에 대한 감정이 달라질 것입니다. 그리고 아들을 미워했고 철도사고로 죽은 시어머니가 계시다고 했죠."

"네."

"부인이 남편을 미워했기에 같은 마음을 가진 시어머니의 영혼이 빙의(憑依)된 것이죠. 그분의 영혼을 천도를 시켜드리면 아마 부인의 가정은 화목해질 것입니다."

필자의 이야기를 듣고 부인은 크게 깨닫는듯 했다.

다음날 와서 남편이 이제는 전과 같이 보기 싫지가 않아졌노라고 했다.

"정말 이상합니다. 선생님에게서 그 이야기를 듣는 순간, 갑자기 눈 앞을 가리고 있던 남편이 불쌍한 생각이 들기도 하구요."

물론 필자가 영사한 그녀의 전생이 사실인지 아닌지 이를 증명할 길은 없는게 분명하지만, 이 이야기에서 깊이 깨닫고 화평한 가정이 된다면 그것으로 충분한 일이라고 생각한다.

두번째 이야기

이번에는 남편되는 사람이 첫선 볼 때부터 아내될 사람을 싫어했고, 그뒤 20년 가까운 결혼생활이 불행했던 한 가정의 경우를 예로 들어볼까 한다. 남편이 아내를 싫어하는 경우는 사실 우리 주위에서 얼마든지 찾아볼 수 있는 일이지만, 첫선때부터 싫었던 여인과 끝내 결혼하지 않을 수 없었던 사실이라든가 또 그 남편이 레이노씨병이라는 특이한 난치병을 앓게 된 이유 등, 독자 여러분들에게 하나의 작은 참고가 될 듯 싶어 굳이 이 이야기를 소개해 보려는 것이다.

어느 레이노씨병 환자의 경우

월남전선에 작전부장(作戰部長)으로 참전한 예비역 중령인 서갑길씨(가명)가 필자를 찾아온 일이 있었다.

그는 10년 전부터 레이노씨 병을 앓고 있는 환자였다.

레이노씨 병이란 교감신경(交感神經)의 이상(異常)에서 오는 난치병으로서 말초혈관이 점점 막혀 들어가서 손가락 발가락이 썩어 들어가는 아주 난치에 속하는 질병이다.

필자는 현재까지 모두 3명의 레이노씨 병 환자를 다루어서 모두 완치(完治)시킨 바 있는데, 이 병은 영혼의 빙의에 의해 생기는 것이 그 특징이었다.

심령치료와 체질개선 연구를 시작한 뒤, 수천명의 환자들을 다루는 가운데 필자도 3명밖에 만나보지 못한 아주 희귀한 난치병이다.

그런데 그에 대해서 영사(靈查)를 해보니 월남전선에서 여러 명의 월맹 사람들 망령(亡靈)이 빙의되어 있음이 드러났다. 서갑길씨는 월남전에서 대신 폭사를 하고 부하들의 목숨을 건진 이인호 소령과도 아주 친한 사이였었노라고 했다.

양생 · 진오랑 · 양수이 · 고량 · 풍하이 · 이중하 중사(한국군인 전사자)

이렇게 여섯 사람들의 이름이 떠올라 왔다. 진동수를 한달 동안 마시게 하고, 시술을 시작한 지 몇번째 되던 날, 날을 받아서 이들 빙의령들[살아있는 사람에게 빙의되어 있는 영혼]을 이탈시켜서 유계(幽界)로 돌려 보냈다.

당장 결과가 나타나서 환자의 상태는 매우 좋아졌다.

나날이 심해가던 증상은 정지되었고, 전에는 밤에 통증(痛症) 때문에 잠을 거의 이루지 못하던 환자가 잠도 잘 자게 되었노라고 했다.

그러나 그뿐이었다. 마땅히 완치가 되어야 하는데 그 속도가 매우 더딘 것이었다.

필자는 아무래도 여기에는 또 다른 곡절이 반드시 있으리라고 판단을 내리지 않을 수 없었다.

그래서 하루는 서갑길씨에게 이렇게 물었다.

"부인하고 사이가 원만하신 편입니까?"

"천만의 말씀입니다. 저는 처음부터 집사람이 마음에 들지를 않았습니다. 절대로 결혼할 생각이 없었는데 집안끼리 정혼(定婚)을 해 버렸다고 형님이 찾아 오셔서 정 살다가 못살겠으면 그때 가서 이혼을 해도 좋으니 우선 결혼을 해 달라고 울면서 호소하시는 바람에 할 수 없이 한 결혼이었습니다."

"그래서 그 뒤 어떻게 되었나요?"

"저는 군인이라는 것을 구실삼아서 가능한 한 아내와 헤어져 살았습니다. 아무리 노력을 해도 아내를 사랑하게 되기는 커녕 자꾸만 미워지는 것은 어쩔 수 없었습니다. 이렇게 20년 가까운 세월이 흐르고 보니 큰 아들이 고등학교 학생이 되었지요. 어쨌든 이것도 끊을 수 없는 인연인 모양인데 이제부터는 아내를 미워하지 말아야겠다고 결심을 하자 이 병이 발병하게 된 것입니다."

"자녀들은 어떻습니까?"

"네, 애들은 드물게 보는 효자, 효녀들입니다. 아버지와 어머니가 정답게 지내기를 간절히 원하고들 있지요."

필자는 이 이야기를 듣고 가만히 두 눈을 감고 명상에 잠겼다.

"부인도 진동수를 마십니까?"

"절대로 안마십니다. 아내도 튼튼한 몸이 아니어서 진동수를 마시라고 아무리 권유해도 영 듣지를 않습니다."

"서선생은 부인의 도움없이는 병이 완쾌되기가 힘들겠어요. 당신이 나를 그토록 오랜 세월에 걸쳐 구박을 하더니 그것 쌤통이다 하는 마음이 부인에게는 있습니다. 겉으로는 남편이 건강해지기를 바라고 있겠지만 속 마음은 부인으로서도 어쩔 수 없을 겁니다."

"아닌게 아니라 곧잘 나가다가도 어쩌다 다투는 일이 있으면 내가 자기를 구박해서 이런 병에 걸렸다는 이야기를 하곤 합니다."

"그것 보세요. 부부는 일심동체라는 것이 공연한 말이 아닙니다. 부부 가운데 어느 한편이 상대편을 미워하면 그 집안은 안되게 되어 있습니다. 꼭 진동수를 마시게 하십시오."

"워낙 황소 고집인데요."

"그러면 좋은 수가 있습니다. 부인의 사진을 가져 오십시오. 제 시술실에 놓아 두면 모르면 몰라도 한달 안에 어떤 변화가 올 겁니다. 부인이 진동수를 마시게 되든지 아니면 저를 찾아 오게 되든지 할 겁니다."

서씨는 필자의 권유대로 이튿날 부인의 사진을 가져 왔다.

그 뒤 한달쯤 지났을 무렵이었다.

비가 주룩주룩 내리는 날인데 난데없이 서씨가 부인을 동반하고 나타났다. 부인을 본 순간, 남편이 처음부터 아내를 싫어하게 된 까닭을 알 수가 있었다.

두 과부 이야기

이조 숙종 때에 있었던 일이었다.

경상도 경주에 두 과부가 사는 집안이 있었다. 시어머니는 일찍 외아들을 얻고 과부가 되었고, 며느리 역시 혼인하자마자 자손도 얻기 전에 역질로 남편을 잃었다.

두 과부는 일생을 함께 살았는데 시어머니의 성품(性品)이 여간 까다롭지가 않았다. 과부가 한가해지면 쓸데없는 생각을 하게 된다면서 잠시도 쉴 틈 없이 며느리를 부려 먹었다.

본시 넉넉지도 못한 살림이라 바느질 품을 팔았는데 그 일이 여간 고되지가 않은 데다가 밤이 되면 늦도록 며느리에게 팔 다리를 주무르라고 했다.

며느리가 어쩌다가 졸든지 하면 추상 같은 호령을 내리곤 했다.

"너 이년! 어디 시어머니 앞에서 조느냐!"

"에그머니나!"

며느리는 속으로 시어머니를 원망하면서 다시 부지런히 두 손을 놀려야만 했다.

어느덧 세월은 흘러서 며느리의 나이가 쉰이 넘었다.

이제는 노망기까지 생긴 시어머니의 극성은 날로 더해 가기만 했다. 산다는 것이 지겨웠다.

시어머니가 잠든 뒤, 달 밝은 뒤뜰에 나와 며느리는 정안수를 떠놓고 칠성님께 마음 속으로 기도를 드리곤 했다.

(제발 시어머니가 제 생전에 돌아가시게 되어 하루라도 좋

으니 시어머니 안모신 편한 날을 갖게 하여 주소서. 그리고 다음 번 세상에는 제발 비오니 남자로 태어나게 하여 주소서!) 머리가 백발이 가까운 며느리의 주름진 두 뺨에는 두줄기 눈물이 흘러 내렸다.

뒤바뀐 두 사람 사이

"서선생은 전생에서의 간절한 소망대로 남자로 다시 태어났지만, 시어머니가 죽기를 빌었기 때문에 시어머니가 부인이 되어 다시 함께 일생을 살게 된 것입니다."

부부는 필자 앞에 고개를 숙인채 아무런 말이 없었다.

"부인은 아마 그렇게 생각해 오셨을 겁니다. 나는 남편을 지성으로 섬겼는데 그토록 미워했으니 못된 병에 걸린 것은 당연하다고요. 하지만 남편이 부인을 싫어한 것은 전생(前生)에서 너무나 고통을 주었던 시어머니가 다시 아내가 되었기 때문입니다. 원인은 먼저 부인이 만든 것입니다.

이제는 진심으로부터 남편을 용서하십시오. 그리고 병에서 완쾌되기를 바라십시오. 남편은 남편대로 제 앞에서 뉘우쳤습니다. 한국 남편들이 아내 앞에서 정식으로 사과하는 법은 여간해서 없습니다. 저에게 고백하고 뉘우쳤으면 부인 앞에서 뉘우친 것이나 다름 없습니다. 용서하십시오."

그 순간 부인의 두 눈에서는 굵은 눈물이 줄기줄기 흘러내렸다. 감정이 격한 나머지, 흐느껴 우는 부인은 말없이 지켜 보는 남편의 두 눈에도 이슬이 맺혔다.

"이제 되었습니다. 두 분은 오늘로서 영적(靈的)으로 다시 부부의 인연을 맺은 것입니다."

필자는 두 사람의 손을 서로 마주 잡게 해 주었다.

"이제 댁에는 평화와 행복이 깃들게 될 겁니다."

이날 이후 서갑길씨는 다시 필자의 연구원에 나타나지 않았다. 경과가 좋아진게 아닌가 생각된다.

세번째 이야기

이번에는 오랜 세월에 걸쳐 정신분열증을 앓아 온 어느 처녀의 이야기를 해 볼까 한다. 여학교 3학년때 부모를 따라서 기도원에 갔다가 산 속에서 길을 잃고 마음에 충격을 받고 정신분열증에 걸린 처녀의 이야기이다.

어머니 되시는 분이 데리고 온 것을 보니 몸이 매우 비대했었고 잠시도 쉴새없이 무엇인가 중얼거리고 있는게 여간 중증(重症)이 아니었다.

"굉장히 뚱뚱한 편이군요."

"네. 여간 대식가(大食家)가 아니랍니다. 서너 명 정도의 식사를 하니 몸이 뚱뚱해지지 않을 수가 있습니까?"

어머니의 인상을 보니 젊어서 술장사를 한 것과 같은 그런 인상이었다.

"혹시 아주머니는 후처(後妻)가 아니신가요?"

"네. 맞습니다."

"그래 전처(前妻) 되시는 분은 어떻게 되었나요?"

"자살을 했다고 합니다."

"아주머니 때문에 그렇게 된게 아닌가요?"

부인은 얼굴이 붉어지더니 한동안 말이 없었다.

"그렇다고도 할 수가 있겠죠. 부인 있는 그이를 제가 좋아해서 가정 풍파가 일어났고, 그 결과 자살을 한 것이니까 저 때문이라도 해도 틀림없는 말이지요."

"그래서 그 전처가 돌아가신 뒤에 부인이 되신거로군요."

"네, 그렇습니다."

"전처의 영혼이 따님에게 빙의가 된 것입니다. 이를테면 복수를 하기 위해서죠. 그리고 그밖에도 잡귀들이 많이 빙의 되어 있는 모양이니 진동수를 백일동안 마시게 한 다음 데려 오십시오."

하고 그날은 카셋트 태이프만 주어서 집으로 돌려보냈다.

그 뒤, 백일이 지나는 동안 처녀의 어머니로부터 몇번에 걸쳐서 전화가 걸려 왔었다. 증세가 더 심해졌다고 하기도 했고, 반대로 밤낮 없이 잠만 잔다고 보고해 온 일도 있었다. 그때마다 필자는 그것은 진동수를 복용시킨데 대한 반응이니 계속 진동수를 마시게 하라고 지시하곤 했던 것으로 기억한다.

백일이 지난 뒤였다. 어머니는 딸을 데리고 왔다. 몇번에 걸쳐서 체질개선 시술을 한 뒤에 '제령'을 했다.

그러나 다른 환자의 경우와 달라서 빙의령들이 잘 이탈하려고 하지 않았다. 몇번에 걸친 실패를 거듭한 끝에 겨우 '제령'이 되는듯 했다.

환자의 용태가 많이 좋아졌다는 보고가 있었기에 필자는 그녀가 아주 완치가 된줄 알았는데, 제령을 한 뒤 한 달이 지나 또다시 재발되었다는 연락이 왔다.

이런 일은 여간해서 드문 일이었기에 필자가 미처 알아내지 못한 무엇인가 깊은 사연이 있는게 아닌가 생각되었다. 환자를 데려오게 해서 다시 한번 영사(靈査)를 해 보았다. 분명히 앞서 '제령'한 영혼들은 빙의되어 있지를 않았다. 그런데 전에는 알 수 없었던 많은 여인들의 원혼과 물고기의 영들이 수없이 빙의되어 있었다.

"따님이 아버지를 싫어하지 않습니까?"

"네, 굉장히 미워하고 있습니다."

"바깥양반이 낚시 좋아하시는 편 아닌가요?"

"그렇습니다. 낚시도 좋아하시고요. 또 지금은 낚시가게를 하고 있습니다."

"바깥어른은 전생(前生)에서 동학혁명(東學革命)의 주모자들 가운데 한 사람이었던 것 같습니다. 주인 어른 인솔 아래 많은 젊은이들이 목숨을 잃었고 그 결과 많은 여인들이 과부가 되었습니다. 그 과부들은 평생을 두고 자기 남편을 죽게 만든 사람을 원망했습니다. 따님도 그런 과부들 가운데 한 여인으로 재생한 것 같습니다. 또 그뿐만이 아닙니다. 물고기의 혼들이 많이 빙의되어 있는게 분명합니다."

환자의 어머니 이야기로, 딸은 땅 위에 올라 온 붕어들이 괴로워하는 시늉을 노상 한다고 했다.

그리고, 가끔가다 자기 아버지를 보고,

"너는 살인자다. 벌을 받아야 한다."

면서 고래고래 소리를 지르는 일이 많다고 했다.

"앞서 '제령'한 것은 이승에서의 지난 날의 잘못 때문에 생긴 것이지만, 이것은 따님의 아버지 전생에서의 업장(業障)과 이승에서의 살생(殺生)에 원인이 있으니 아버지 되시는 분이 한번 오셔서 제령하는 자리에서 이들 빙의령들에게 진심으로 사과하셔야 해원(解怨)이 될 것 같습니다."

라고 필자는 이야기 했다.

전에는 시술실 안까지 들어오던 환자가 이제부터는 고래고래 소리를 지르면서 아예 필자 근처에는 가까이 오려고도 하지 않았기 때문이었다.

며칠 후 환자의 아버지가 찾아 왔다. 그러나 그는 아무래도 영혼의 존재를 믿는 것 같지가 않았다. 그렇게 해야 딸이 좋아진다니까 마지 못해서 온것 같았다.

딸과 아버지가 한자리에 앉은 뒤, 필자는 영사한 결과를 다시 한번 이야기해 주었다.

그러자 딸이 대뜸 소리를 질렀다.

"이 사람은 사과할 생각이 없습니다."

이것은 딸이 아버지에게 하는 말이 아니었다. 거친 여인의 목소리였다.

그때서야 마지못해 아버지는 사과를 했으나 딸에게 빙의된 영혼들은 여전히 떠날 생각을 하지 않았다.

환자의 아버지는 어려운 사과를 했는데 왜 '제령'이 되지 않느냐고 필자를 나무라는 표정으로 바라다 본다.

"오랫동안 한이 맺혀 있었던 것이 한번 사과했다고 금방 풀어지겠습니까? 좀더 두고 봅시다. 세분이 함께 사진 하나 찍어서 보내세요. 원격치료를 해 볼테니까요."

하고 이들을 돌려보냈으나 여느 때와 달리 필자의 마음은 몹시 어두웠다.

죄지은 사람이 진심으로 뉘우치지 않을 경우, 업장(業障)이 소멸되기는 어렵지 않겠느냐는 생각이 들었기 때문이었다.

하여튼 이 환자의 경우, 미해결(未解決)의 장(章)으로 남아 있다는 것만은 솔직히 인정하지 않을 수 없었다.

네번째 이야기

지난 1976년도 이른 봄이었다고 기억된다. 중년이 넘은 남매가 필자를 찾아온 일이 있었다.

오빠는 42세의 늙은 총각이었고 또한 가슴을 앓고 있었고, 실직한 지 3년이 된다고 했다. 누이동생도 이제 마흔인데 지난날의 고생 탓인지 머리는 거의 반백이 다 되어 있었다.

누이동생은 한국계 미국 군인과 결혼했다가 남매를 두고 이혼당한 이혼녀였다.

큰 딸은 헤어진 남편이 주선하여 현재 스웨덴에 유학중이었고, 그녀는 상업고등학교를 다니는 외아들을 데리고 있는 처지인데 생활이 매우 어렵다고 했다.

"남편하고 헤어질 때 위자료도 안받으셨던가요?"

하는 필자의 질문에 그녀는 땅이 꺼지게 한숨을 몰아 쉬었다.

"안받기는요. 많다고 할 만큼 받았는데 사업을 하다가 모두 없애버린 거죠. 여섯번 까지는 하는 일마다 잘 되었는데 일곱번째 가서 사기꾼에게 걸려서 몽땅 날려버리고 집도 절도 없는 신세가 되었습니다."

한편 오빠는 오랫동안 미군기관에 종사하고 있었고, 도장(칠일)이 전문이라고 했다. 그런데 그 기관이 해산하면서 실직했고, 그리고는 영 직장을 얻을 수가 없다는 것이었다. 여기에다가 폐까지 앓는 신세가 되었다는 이야기였다.

그런데, 이날 정말 기적이 일어났다. 오빠 되는 사람이 한번 시술을 받자 그 자리에서 변화가 일어난 것이었다. 이런 일은 여간해서 드문 일인데 필자로서도 여간 대견스럽지가 않았다. 신장이 나쁘던 누이동생도 그 뒤 며칠 시술을 받고는 완쾌했다.

이들 남매를 보내면서 필자는 예언 아닌 예언을 했다.

"아주머니께서는 7월 20일경, 일생의 큰 전기(轉機)가 마련될 것 같고, 욕심을 부리지 않고 기회를 받아들이면 8월 이

후에 생활이 완전히 안정되겠습니다."

"그럼 오빠가 해외 취업이 될 모양이군요."

"하여튼 두고 봅시다."

그뒤 한달이 지났을 무렵, 누이동생이 다시 필자를 찾아왔다. 어느 해외 용역회사 사장댁에 들어가서 3년동안 가정부 노릇을 해 주면 오빠의 중동지역 취업을 책임지고 알선시켜 주겠다는 그런 기회가 왔다는 것이었다.

"아주머니께서는 그동안 많은 고생을 했다고 하지만 남의 집 가정부 노릇까지는 안해보신 모양인데, 한번 아주 밑바닥까지 내려가 보십시오. 무엇인가 크게 얻는게 있어서 앞으로 운명을 호전시키는 좋은 계기가 되기 쉬울겁니다."

하고 필자는 격려해 주었다.

그녀는 필자의 뜻을 순순히 받아드리겠노라고 하면서 돌아갔다.

그뒤, 얼마가 지난 7월 20일 무렵이 아니었던가 한다. 이 부인이 다시 필자를 찾아 왔다. 자기가 일하고 있는 집 사장이 취업사기로 구속되었다는 것이었다. 즉, 오빠 취직은 완전히 가망이 없어 졌다는 이야기였다.

"주인 여자가 어찌나 심하게 부려먹고 말끝마다 멸시를 하는지 이거 어디 서러워서 살겠습니까? 이렇게 고생을 할바에야 노인에게라도 시집을 가서 제 살림을 하는게 차라리 좋다는 생각이 드는군요."

하고 불만이 많았다.

마침 기다리는 다른 손님이 있어서 순서가 되거든 다시 들어오라고 내어보낸 순간, 문득 필자의 머리 속을 스치고 지나가는 생각이 있었다.

어려서 높은 데서 떨어져 뇌수술을 받은 막내 남동생이 호

라비로 살고 있는데 그의 부인이 되지 않겠느냐는 그런 느낌이었다.

필자가 동민문화사(東民文化社)를 경영할 때, 이 동생은 삽화가로서 일을 했었고 〈한국 아동문학선집〉의 컽은 거의 대부분이 그가 그린 그림이었다.

사람은 그지없이 착하고 노력가지만 머리에 상처를 입은 후유증 때문에 언어장해가 있고, 아무래도 지능(智能)이 보통 사람마다 좀 모자라는 이 동생이 필자는 항상 마음에 걸려 왔던게 사실이었다.

선친께서 생존해 계실 때, 결혼시킨 계수는 그 뒤 남매를 낳고는 다른 남자의 품으로 달아나 버려서 동생은 지금 어머니와 함께 살고 있는 처지였다.

필자가 질머진 십자가 가운데 하나라고 늘 생각해 온 필자로서는 지극히 사랑하는 동생이 갑자기 이 부인과 결부되어 생각되는 것이었다.

필자는 머리를 저었다. 그렇게 될 까닭이 없다고 생각했다. 이 부인은 고등교육까지 받은 사람인데 동생한테 시집올 까닭이 없다는 생각이 들었기 때문이었다. 그런데 일은 뜻하지 않게 진행이 되었다.

필자가 이야기 끝에 이 동생 이야기를 하면서 고충을 말하자 대뜸,

"제가 부인이 되면 안되겠습니까?"

하는 것이었다. 필자는 귀를 의심하지 않을 수 없었다.

"먼저 부인도 남매를 낳도록 살았다면 저라고 못살것은 없지 않습니까? 세 식구에게 제가 필요한 존재가 되면 될게 아닙니까?"

"부인의 결심이 그렇다면 나로서는 이 이상 다행한 일이

없습니다. 그대신 아드님의 교육 문제는 내가 책임지겠어요."

하고 필자도 확언을 하지 않을 수 없었다.

혼담(婚談)은 급속도로 진행되어 76년 8월 3일 종로 태화관에서 간소한 결혼식을 올렸다.

주례는 강화도 오상교회의 목사이신 박문종(朴文鍾)목사님이 서 주셨다. 결혼식을 치르고 나서 생각해 보니 필자가 한 이야기가 다시금 생각되었다.

7월 20일 무렵에 일생에 큰 전기가 마련되고 욕심을 부리지 않고 기회를 받아들이면 8월 이후에는 생활이 안정될 것이라고 이야기 했을 때 필자는 계수와 동생을 결부시켜서 생각한 것은 절대로 아니었었다.

왜 그런지 꼭 그렇게 될 것 같은 예감이 들어서 그렇게 이야기 했던 것뿐인데 그 예언이 결과적으로 맞은 셈이었다.

또한 1976년 8월 3일은 필자가 체질개선 연구원을 연지 꼭 만 3년이 되는 날이기도 했었다.

하나님께서 그동안의 애쓴 것을 알아주셔서 필자로 하여금 수신재가(修身齋家) 할 수 있도록 도와주신 것으로 생각하고 이들 부부의 앞날이 평탄하기만을 빌 따름이다.

2. 캄프리 박사 이야기

우연한 기회에 서로 알게 된 인연때문에 그뒤에도 몇년에 걸쳐 친하게 지낸다는 일은 요즘 사회에서 흔히 볼 수 있는 일은 아니다. 우리 집에서는 '캄프리 박사'로 통하는 석명석 씨〈釋明錫〉와 필자와의 교우관계는 바로 그런 경우라고 할 수 있다.

1972년도 36빌딩에서 출판사의 간판을 내리고 〈성광자기 체질개선연구원〉의 간판을 단지 얼마 지나지 않았을 무렵이었다.

〈주간여성〉에 실린 '괴짜 인생'이라는 기사를 보았노라고 하면서 두 중년신사가 필자의 연구원을 찾아온 일이 있었다.

서로 인사가 끝나자 필자는 이렇게 말했다.

"스님과 신부님이 함께 다니시는군요."

그러자 두 손님 가운데 좀더 연배로 보이는 분이 대뜸 반색을 하면서,

"누가 스님이고, 누가 신부(神父)라는 겁니까?"

하고 반문을 해 왔다.

"선생은 그 옛날 중국의 소림사(小林寺) 주지스님으로서 소림권법을 창시한 분이니 지금은 비록 스님이 아니지만 스님이라고 부른 것이고, 또 한분은 3대째 내려오는 천주교 신

자(天主敎信者)의 집안 출신이고, 그 앞서 세상에서는 신부로서 순교(殉敎)하신 분 같아서 그렇게 말씀드린 것입니다."

그러자 필자에게 반문한 손님은 무릎을 치면서 감탄했다.

"저는 분명히 독실한 불교신자이고, 내 매제(妹弟)는 3대째 내려오는 천주교 신자인게 분명합니다. 물론, 전생이 누구였다는 것은 믿기 어려운 일이지만 지금 처해진 처지는 아주 분명하게 맞히셨습니다."

그러자, 그때 필자의 연구원에서 같이 일하던 미스터 왕(王)이 필자를 한 구석으로 불렀다.

"원장님이 지금 아주 큰 실언을 하신 것 같습니다. 소림사 권법을 창시한 분은 달마대사인데 그분은 굉장한 분이 아니십니까? 저분이 달마대사의 제자가 재생(再生)했다면 또 몰라도 달마대사의 재생이란 말이 안됩니다. 만일 불교계에서 이 일을 알게 되면 원장님의 입장이 난처해지실 겁니다."

하고 자기 딴에는 나를 위해 충고해 주는 것이었다.

그러나 필자는 이때 내린 영사(靈査)에 대해서 스스로 부인할 생각은 없다.

석명석씨가 저 유명한 달마대사의 재생이 아니라는 뚜렷한 증명도 없을 뿐더러 오히려 그가 달마대사이리라는 증거가 많이 나타났기 때문이다.

불교의 경전을 보면 달마대사는 왕자(王子)로서 알려져 있지만 이것도 따지고 보면, 후세 사람들이 뛰어난 스님을 신격화(神格化)하기 위해서 만들어 낸 전기(傳記)가 아니라는 보증도 없지 않느냐는 것이 필자의 생각인 것이다.

석명석씨와 인사를 나눈지 며칠이 지난 뒤였다. 그날은 일요일이어서 필자는 모처럼의 휴일을 집에서 쉬고 있는데 그에게서 전화가 걸려 왔다.

별로 바쁜 일이 없으면 인천에 있는 자기 집에 함께 가주지 않겠느냐는 부탁이었다.

그 순간 필자는 별난 사람도 다 있구나 하는 생각이 들었다. 사무실에서 불과 며칠 전에 한번 인사를 나눈 사이인데, 모처럼 일요일에 쉬고 있는 사람을 꼭 인천까지 동행하자니 과연 이상한 사람이구나 하는 생각이 들기도 했고 한편 나가기가 싫었다. 그래서 거절을 하려는데 갑자기 번개같이 머리를 스치고 지나가는 생각이 있었다.

(내가 가지 않으면 사람이 하나 죽을지도 몰라!) 하는 생각이었다. 밑도 끝도 없는 엉뚱하기 그지없는 불길한 느낌이었다. 그러나 이런 느낌이 든 이상 그냥 거절할 수도 없는 일이었다. 만일에 필자가 석명석씨의 청을 거절했다가 어떤 참변이 일어난다면 그 책임은 면할 수 없다고 생각되었기 때문이었다.

필자는 내키지 않는 마음을 채찍질하여 석명석씨가 다니는 J은행 근처 다방에서 만났다. 그날따라 흐린 날이어서 첫눈이라도 내릴 것 같은 날씨였다.

다방에서 여러가지로 이야기를 나누어 본 결과, 보기와는 달리 석명석씨의 가정이 불행하다는 것을 알았다.

부인하고는 오랜 세월에 걸친 불화(不和) 때문에 거의 남이나 다름 없었고 사랑하던 둘째 아들이 익사한 일이 있는데다가 큰 아들이 항상 말썽을 일으키고 있노라고 했다.

"내가 전생에서 무엇인가 많은 죄를 지은 것 같습니다. 안원장은 전생을 볼 수 있으시니 오늘 한번 인천에 가셔서 저의 가족들이 어떤 인연으로 만나게 된 것인지 그것을 가르쳐 주셨으면 합니다."

하고 석명석씨는 매우 정중하게 간청하는 것이었다.

자기는 마음으로 부처님의 제자가 된지 오래이며, 또 '캄프리'를 보급하여 병든 많은 중생(衆生)들의 병고(病苦)를 덜어주는 것을 필생의 업으로 삼고 있노라고 했다.

필자는 이날 석명석씨로 부터 그의 지난 날에 대한 많은 이야기를 들었다. 두번째 만나는 필자를 이토록 믿고 의논해 주는데 대해 필자로서도 미상불 고맙지 않을 수 없었다. 또 그때만 해도 '체질개선 연구'를 막 시작한 무렵이어서 한가했고 요즘 같아서는 집밖으로 나가 몇시간을 보낸다는 것은 도저히 불가능한 처지이다.

우리 두 사람은 여러가지 이야기를 나누면서 인천에 있는 그의 집을 찾았다. 집안에 들어서니 분위기가 아주 냉랭했다. 가족들은 아버지가 또 이상한 사람을 데리고 왔구나 생각하고 있는 것이 첫눈에 쉽게 알아 볼 수 있었다.

방안에 들어서자 석명석씨는 부인을 소개하는 것이었다.

"제가 초면에 이런 말씀을 드려서 죄송합니다만, 이 댁 식구들은 왜 우리 아버지는 남에게는 잘 하면서 집안 식구들에게는 냉랭한가 하는 불만들을 갖고 계신것 같고, 또 석선생은 석선생대로 내가 가장(家長)으로서 책임을 다하고 있는데 왜 적대시 하기만 하는가를 생각하고 계신것 같고, 식구들 생계(生計)만 마련해 놓고는 입산수도하실 생각이 아닌가 여겨집니다. 그래서 아주머니께서는 비관하신 나머지 오늘밤 자살(自殺)로서 남편이 집을 버리는 일이 없도록 말리실 결심을 하신것 같군요. 혹시 오늘 밤 자살할 생각을 하신 것은 아닙니까?"

필자에게서 이 말이 떨어지는 순간, 부인은 체면도 아랑곳없이 크게 울음을 터뜨리는게 아닌가.

필자의 예상이 적중한 것이었다. 자살할 결심을 한 것은 이미 오래되었고, 드디어 오늘 결행(決行)하기로 결심을 했기에 김장도 일찍 서둘러 했고, 겨울 날 연탄도 미리 들여 놓았노라고 하면서 부인은 흐느껴 우는 것이었다.

필자는 집에서 전화를 받고 느낀 예감을 다시 한번 생각하게 되었고, 인천에 온 것을 진심으로부터 다행하게 느끼면서 다음과 같이 이야기를 시작했다.

“우선 먼저 제가 지난번 석선생이 전생에서는 소림사 주지 스님이라고 말한 이유를 말씀드리죠. 선생은 전생에서 형제가 많은 집안의 큰 아들이었는데, 조실부모해서 동생들을 거두어야 했습니다.

세월이 흘러 밑의 동생이 장성했기에 그는 중국에 불교를 전하러 가야겠다고 결심을 했습니다. 그러자 동문수학한 스님 한분이 아직 3년은 더 가족들을 돌보고 떠나라고 했습니다. 만일 그렇지 않으면 떠난 뒤에 집안에 불행한 일이 일어나게 되고, 그 결과 9년동안 허송세월을 하게 될 것이라고 했습니다. 그러나 달마대사는 그 스님의 말씀을 듣지 않고 중국으로 떠났습니다. 달마대사가 면벽9년(面壁九年)한 것은 이런 원인때문이었던 것이라고 생각됩니다. 지금 석선생의 가족들은 그때의 형제들의 재생(再生)입니다. 그런데 석선생은 앞으로 3년만 더 돌보면 가족들이 자활(自活)할 수 있는데, 또 전생에서와 같이 수도하기 위해 가족들을 버리려 하고 있습니다. 3년만 꾹 참고 가족들에게 충실하십시오. 불고가사(不顧家事)해서는 안됩니다.

내 가족들을 구하지 못한 사람이 어찌 많은 중생들을 도울 수 있다는 것입니까? 물론, 달마대사는 위대한 스님이셨습니다. 세계에 불교를 전파시키는데 큰 일을 하신 것은 사실이지만 아무도 모르는 작은 허물이 있었기에 그 잘못을 시정하기 위하여 석선생으로서 다시 재생한 것이라고 생각됩니다."

석명석씨는 필자의 말에 경건하게 귀를 기울였고, 가족들을 버리고 입산수도할 생각은 연기하겠다고 부인에게 맹서했다.

부인은 감격의 눈물을 흘리면서 필자에게 고마워했다.

부인이 방에서 나간 뒤였다.

"하마트면 큰일날뻔 했습니다. 사실은 오늘 집에서 쉬고 싶었는데 제가 여기 안오면 누군지 사람이 하나 죽을 것 같은 예감이 있었습니다."

하고 필자는 석명석씨에게 실토했다.

"안원장께서 기왕 인천까지 오신 길에 또 한곳 들를 곳이 있습니다. 큰 아들녀석을 좀 만나주셔야겠습니다. 아주 말썽꾸러기거든요."

필자는 쾌히 승낙했다. 얼마 뒤, 우리는 석명석씨의 큰 아들이 기처하는 셋집을 찾았다. 마침 아들 내외는 집에 있었다.

"이 아이하고는 전생에서 무슨 인연이 있었나요?"

필자는 조용히 영사를 했다.

"석선생께서 소림사 주지로 계실때 절 문 앞에서 객사한 나그네의 아들을 거두어 기르시고 후에 제자를 삼은 일이 있는데 그 제자가 다시 태어난게 분명합니다."

"그렇다면 전생에서 은혜를 입은 모양인데 어째서 이 모양일까요?"

"은혜를 입었으니까 석선생의 속을 상하게 해서 수도(修道)하실 수 있는 인연을 맺게 해준 거죠. 모두 효자 효녀고 부인하고도 의가 좋으시다면 석선생은 부처님의 가르침에 관심 조차 갖지 않으시고 내 가족 밖에 모르는 평범한 소시

민의 한 사람이 되셨을 겁니다."

"따는 그렇군요. 옳으신 말씀이오."

그러자 석명석씨의 아들이 필자에게 하소연을 해 왔다.

갓난애에게 젖을 먹여야 하는데 통 젖이 나오지 않는다는 것이었다. 한편, 석명석씨의 아들은 평소에는 얌전한데, 몹시 술을 좋아하여 취하기만 하면 부인을 못살게 군다고 했다. 그 자리에서 필자는 석명석씨의 아들에 대한 영사도 했다.

"실례지만 지금 두번째 결혼이 아닌가요?"

"맞습니다."

"그리고 10여년 전에 어느 처녀와 일시 동거한 일이 있었고, 그 때문에 그 처녀가 타락해 화류계(花柳界)를 전전하다가 나쁜 병에 걸려 죽은 일이 있는데 생령(生靈)과 죽은 여자의 원한령이 빙의되어 있어 난폭하게 만드는 것 같군요."

석명석씨의 아들은 필자 앞에서 고개도 잘 들지 못하면서 필자의 영사 결과를 모두 수긍했다.

"지금 며느님은 아드님과 결혼한 것을 후회하고 있습니다. 또 아이를 낳은 것도 뉘우치고 있구요. 마음이 위축되어 있어 젖이 잘 안나오는 겁니다. 대개 결혼이란 3세(世)에 인연이 없으면 이루어지지 않는 겁니다. 위축된 마음을 푸세요. 그리고 아기에 대한 애정을 불러 일으키세요. 그러면 젖이 나올겁니다."

하고 필자는 충고했다.

나중에 들으니 이때 충고를 받아들인 뒤, 젖이 잘 나오게 되었노라고 했다.

한편, 석명석씨는 가족을 버리고 입산 수도를 하지를 않았고, 그 뒤 3년이 지나는 동안 그의 주변은 차차 정리가 되어

갔다.

올드 미스였던 둘째 딸도 결혼했고, 큰 딸도 고등학교에 취직되었으며, 막내 아들도 공무원에 채용되었으므로 이제는 여유있게 석명석씨는 캄프리 보급에 전력을 기울이고 있다.

독자들 가운데 불교에 인연있는 분들은 달마대사와 같은 위대한 스님이 어째서 석명석씨 같은 분으로 재생할 수 있느냐고 항의하실 분도 있으리라고 생각한다.

거기에 대해서 필자의 생각을 적어 볼까 한다.

보잘것 없는 인간이 저지른 큰 실수보다도 위대한 사람이 저지른 작은 허물이 더 크다는 것을 알아야 된다. 그러기에 그가 위대하면 위대할수록 다시 거듭 태어나 그 허물을 시정하는 것이 완전으로 가는 길이라는 것을 밝혀두면 그것으로 충분하리라고 생각한다.

또, 후세 사람들은 과거에 위대했던 분을 필요 이상으로 신격화(神格化)하는 경향이 있는데, 달마대사도 그 예외는 될 수 없다는 것이 필자의 소견이다.

아무튼 석명석씨는 요즘도 한달에 한번은 꼭 필자의 연구원을 찾아 온다. 우연히 만나서 알게 된것 같지만 전생에서도 필자는 그의 친구였었고 그때 가족들을 3년만 더 돌보라고 충고한 것도 바로 필자였었다고 생각한다.

그때 충고는 허사였지만 이번에는 필자의 충고를 받아들인 석명석씨가 그저 고맙게 느껴질 따름이다.

끝으로 한마디, 석명석씨는 그 모습도 달마대사와 매우 흡사한 분임을 밝혀두는 바이다.

3. 약처방을 내리는 무당

필자는 《심령치료》에서 전생(前生)이 프랑스의 궁녀였던 여인이 개와 정(情)을 나누는 생활을 했기 때문에 개로 태어났다는 이야기를 한 바가 있다. 이번에는 그 반대 경우에 해당되는 이야기를 소개해 볼까 한다.

10여년 전 5월 중순 무렵이었다고 기억된다. 수원에서 한 중년부인이 필자를 찾아온 일이 있었다.

얼른 보기에 생활이 어려워 보이는 수척한 인상의 부인이었는데 두 눈 만큼은 이상하리 만큼 빛나고 있었다.

그녀를 보자 필자는 대뜸 이렇게 이야기를 시작했다.

"아주머니는 아픈 사람을 보고 약처방을 내리는 특수한 무당이시군요."

"네, 맞습니다."

"죽을 사람에 대해서는 아무것도 떠오르지 않지요."

"그것도 맞았습니다."

"그리고 아주머니 자신은 점점 날이 갈수록 몸이 아프시군요."

"그것도 맞았습니다. 원장선생님께서 잘 아신다고 해서 일부러 찾아왔습니다."

필자는 이 이상한 무당에 대해서 영사를 해 보았다.

그러자 아주 놀라운 사실이 밝혀졌다. 지금부터 백년 이상 전의 일이었다고 생각된다. 수리골이라는 곳에 고향이 죽산인 심중산(沈中山)이라는 유명한 한의사가 있었다.

그의 한의원 이름은 광제한의원(廣濟漢醫院)이라고 했고 1830년 2월 7일에 태어나서 1932녀 4월 12일에 돌아간 아주 드물게 장수한 한의사이기도 했다.

이 심의원에게는 동춘(童春)이라는 손자가 있었는데, 어느해 봄 집에 불이 나서 방안에 갇힌 동춘은 꼼짝없이 불에 타 죽게 되었다.

부모들도 거센 불길 속으로 뛰어들어가 아들을 건질 생각을 하지 못하고 있는데, 이웃집에서 기르던 진도개가 쏜살같이 불 속에 뛰어들어가 어린 아이를 물고 나왔다. 아이는 구사일생으로 구했지만 개는 심한 화상(火傷) 끝에 결국 숨을 거두고 말았다.

심중산 의원은 죽은 개의 시체를 부둥켜 안고 눈물을 흘렸다.

"너는 개였지만 군자 중의 군자로다. 인명구조를 하고 대신 죽었으니 다음 번에는 틀림없이 사람으로 태어나리라. 그때는 나는 이미 없겠지만 네가 사람이 되어 태어났을 때 무엇으로나 너를 도우리라."

심중산 의원은 아들을 시켜서 작은 관을 만들게 했고, 뒷동산 양지바른 곳에 땅을 깊이 파고 죽은 개를 묻었다.

사람을 살렸으니 몸은 비록 개지만 그 마음은 사람과 다름없다고 생각한 심중산 의원은 사람과 똑같이 관에 넣어서 묻어주는 것이 인간으로 환생(還生)하는데 도움이 되리라고 믿었기 때문이었다.

"그때 인명구조한 개가 재생(再生)한 것이 바로 아주머니시군요. 바깥 어른이 돌아가시고 갑자기 살 길이 막히자 어느날 갑자기 이렇게 변한게 아니었던가요."

"맞습니다."

"지금 아주머니에게는 심중산 의원이 빙의되어 있는 것이 분명합니다. 약처방을 내릴 수 있는 것은 그분의 영혼이 빙의되어 있기 때문입니다. 그러니 '제령'을 하면 아주머니의 능력은 없어집니다."

"그럴 수는 없습니다."

"하지만 그때 동네 개들의 죽은 혼들이 또한 많이 들어와 있군요. 인간으로 태어난 아주머니가 부러워서 의지해 들어온 거죠."

필자는 빙의된 개들의 혼을 '제령'시켜 돌려 보냈다.

환자는 고맙다면서 고급 담배 두곽을 놓고 돌아갔다.

이런 경우는 빙의되어 있는 줄 알면서도 '제령'을 하지 못한 아주 색다른 경우라고 할수 있다.

한편, '심은대로 거둔다'는 말씀이 진리임을 필자는 이때, 다시 한번 깊이 깨닫게 되었다.

4. 무당이 될뻔한 여인

지난 4년 동안 3천명이 훨씬 넘는 사람들이 필자의 연구원을 찾아온 바 있는데, 그들 중에는 난치병이나 불치병에 시달려 온 불쌍한 환자들도 많지만 남모르는 색다른 정신적인 고민을 안고 있는 사람들도 또한 적지 않았다.

아무 데도 아픈 데는 없으면서 항상 몸이 무겁고, 이상한 소리가 귀에 들려오며, 하는 일마다 되는 게 없는, 이른바 신(神)들린 사람들도 상당한 수효에 이른다.

사람들 가운데는 영통(靈通)하기 위해 일부러 입산수도한 후 빙의때문에 자신의 운명을 그릇치는 줄도 모르면서 영능력자(靈能力者)를 자처하는 이들도 많았는데, 한편으로는, 어떻게든 무당이나 박수가 되지 않으려고 빙의령과 싸우고 싸우다 기진맥진하여 필자를 찾아 온 이들도 적지 않았다.

이번에는 그런 경우를 하나 소개해 볼까 한다.

지난 해 늦은 가을이었다고 기억된다. 살림이 구차하여 행상(行商)을 하고 있다는 한 중년부인이 색다른 고민을 갖고 필자를 찾아 온 일이 있었다.

"원장선생님 저를 구해 주십시오. 밤낮으로 제 귀에는 이상한 소리가 들려 오고 있어요. 자기 말을 좇아서 무당이 되라는 것이죠. 그러면 돈도 잘 벌게 해주고 잘 살게 해 주겠다는 거예요."

"그러면 그렇게 하시지 그러세요."

"아니 원장선생님까지 그런 말씀을 하시면 어떻게 합니까? 저는 무당이 되는 것은 죽기보다도 싫습니다. 병들고 딱한 사람들을 감언이설로 꼬여서 돈이나 빼어내는 그런 일 저는 죽어도 못합니다. 남이 보기에는 우습게 보여도 저는 제 노력으로 잘 살게 되고 싶지 그런 방법으로는 돈을 벌고 싶지 않아요."

하고 부인은 여간 심각한 표정이 아니었다.

"아주머니의 정신이 참 좋습니다. 그럼 하나 묻겠는데 댁에 카셋트 녹음기 있습니까?"

"네, 있습니다만"

"그렇다면 카셋트 테이프 하나 사가셔서 진동수를 만들어서 한달동안 복용하고 오십시오."

"그건 또 무슨 이야기죠?"

"아주머니는 지금 빙의가 되어 있어서 몸 안에 나쁜 가스가 꽉 차 있습니다. 진동수를 한달동안 열심이 마시면 몸이 훨씬 좋아질테니까, 그때 오십시오."

그리고서, (옴 진동) 녹음 테이프를 주어 그날은 그냥 돌려보냈다.

참고적인 이야기지만, 필자에게 체질 개선을 받고저 하는 분은 누구를 막론하고 우선 한달동안은 진동수를 의무적으로 마셔야 한다.

그러기 전에 시술을 하면, 환자의 몸에서 나오는 악취때문에 필자도 견디기 어려울 뿐만 아니라 환자 자신에게 나타나는 부작용도 너무나 커서 고통을 감당하기가 어렵기 때문이다.

그 후, 한달이 지난 뒤였다. 이 부인이 전보다는 훨씬 건강해진 모습으로 필자를 찾아왔다. 그녀는 불면증이 심했는데 이제는 밤에 깊은 잠을 잘 수 있게 되어 좋다고 했다. 귀에 들리는 소리도 좀 멀어진 느낌이라고 말했다.

사흘에 걸친 시술 끝에, 나흘째 되는 날 정식으로 제령을 했다. 제령하는 날, 환자는 아침 식사를 해서는 안되고 필자 자신도 목욕 제개를 해야만 한다.

'제령'이란 환자의 보호령과 필자의 보호령 및 빙의령, 즉 육체 인간이었을 때의 보호령들을 한자리에 모이게 하고, 빙의되는 잘못을 스스로가 잘 깨닫게 한 뒤 이들 보호령들의 안내로 유계(幽界) 또는 영계(靈界)로 보내는 엄숙한 의식이기 때문에 아무 때나 쉽게 되는 것이 아니다.

보호령들과 필자와의 합동작전으로 비로소 가능한 것이기 때문에 언제나 아침에 한해서 제령은 하게 되어 있는 것이다.

이제부터 그때의 정경을 소개해 볼까 한다.

"내가 보기에 임자는 나이 많은 부인 같은데 어째서 이 부인을 무당으로 만들려고 하는 거요."

"돈 좀 잘 벌어서 잘 살게 하려는 거다. 너무 고생하는게 딱해서 말이오."

"그게 아니겠지. 내가 영사해 보니, 임자는 전생에서 이부인과 한 남편을 섬긴 일이 있고, 그때 이 부인은 본처(本妻)였고, 임자는 첩(妾)이었으며 무당 노릇을 해서 두사람 가족을 먹여 살렸구먼 그래."

"잘도 아시는구려."

"남편은 몰락한 양반이었고, 임자는 무당노릇을 해서 지성으로 섬겼지만 사람다운 대접을 받지 못해 그것이 한이 된게 아니겠오."

"……"

"그래서 지금 이 부인에게 빙의되어 무당을 만들어서 전생에서 임자가 겪은 고초를 겪게 하려는 게 아니오."

그러자 부인은 고개를 푹 수그린다.

"아무런 대답을 못하는 것을 보니 내 말이 맞는 모양이구려. 그렇다면 임자 자신도 잘 기억하지 못하는 그전 전생 이야기를 해 주리다. 임자의 전생은 인간이 아니었오. 외계인(外界人)으로서 자기가 터득한 초능력을 구사해 동포들을 괴롭혔기 때문에 죽은 후, 지구인으로 강등 환생된 것이오.

외계인은 생명력이 너무나 강하기 때문에 그 영체(靈體)가 둘로 분리되어 임자와 이 부인 두 사람이 된 것이라고 나는 생각하오. 임자가 이 부인을 본부인으로 섬긴 것은 바로 자기 자신을 섬긴 것이고, 또 지금 이 부인을 괴롭힘은 자기 자신을 괴롭히는 것이 되는 거요.

알고 보면, 나와 남은 구별이 없는 것이오. 전전생(前前生)에서 동포들을 괴롭힌 것이나 지금 이 부인을 괴롭히는 것이나 결국 그 결과는 끝내 자기 자신에게 돌아오게 마련인 것이오. 그러니 내가 부른 여러 보호령들을 따라서 영계(靈界)로 돌아가도록 하시오. 그곳에서 수양을 쌓은 뒤에 괴롭더라도 다시 한번 인간으로 태어나 주셔야겠오. 다만, 이번에는 남자로 태어나 떳떳한 인간으로서 동포들에게 봉사하는 사람으로서의 일생을 보내야 할 것이오. 그런 뒤 죽게 되면 임자는 본래의 고향인 다른 별의 우주인으로서 태어나게 될 것이오. 어떻소. 이탈하겠오."

"네, 떠나겠습니다. 원장님 덕분에 여지껏 어두웠던 지혜의 문이 열린 것 같습니다. 기쁘게 떠나겠습니다."

하고 빙의령은 이탈했다.

부인은 고맙다고 치하를 하고 돌아 갔는데 그 얼마 뒤, 다시 필자를 찾아왔다.

"이제는 귀에 아무것도 들리지 않고 몸도 아주 건강해졌습니다. 그리고 성격도 개선되었습니다. 며칠 전에 큰동서가 찾아와서 자기 남편이 승진되어 장군이 될 수 있겠는지 점을 처 달라고 한 일이 있었습니다. 전 같으면 신바람이 나서 점을 처 주었을 텐데 저는 그러지 않았습니다. 형님 제가 뭘 안다고 점을 칩니까? 형님 남편이 출세하시기를 바라시거든 열심히 하나님께 기도를 드리고 옳은 사람, 착한 사람이 되어서 이웃에 덕을 베푸는 노력을 하십시오. 그것이 바깥양반을 돕는 길이지요. 특히 남편을 잘 공경하시고 바깥어른으로 하여금 우리 집 밖에 없구나, 가정이 바로 천국(天國)이구나 느껴지게 하세요. 제가 설교를 해서 죄송합니다만 저로서는 그렇게 말할 수 밖에 없군요. 이렇게 말씀드리고 나니 그렇게 마음이 편할 수가 없었습니다."

하고 그녀는 밝게 웃어보이는 것이었다.

체질개선이 바로 성격개선이오, 운명개선이 된다는 하나의 좋은 예가 아닌가 한다.

자기의 피나는 노력으로 떳떳하게 살아야 한다는 이 부인의 인생관은 더없이 귀한 것이라고 필자는 생각한다.

이름난 무당이 되어 편하게 돈을 벌어 축재하는 것이 당장에는 좋을지 몰라도 결국 정도(正道)가 아니기에 언젠가는 본인 뿐만 아니라 많은 사람들을 불행하게 하기 쉽다는 이치를 깨달은 이 부인의 지혜는 정말 존경할만 한다고 생각한다.

5. 장님이 될뻔한 소녀

다섯살 밖에 안된 귀여운 어린 소녀가 악성(惡性)인 녹내장이라는 안질에 걸려 장님이 되기 일보 직전에 필자의 연구원을 찾아 온 일이 있었다.

"안과병원에서는 뭐라고 하던가요?"

"수술을 해보았자 결국 조만간에 실명(失明)할 가능성이 많다고 하면서 수술을 잘 하려고 하지를 않더군요. 유명하다는 병원은 거의 다 찾아가 보았지만 어디서나 같은 대답이었어요."

"그래요."

하고 필자가 소녀를 보니 이상하게도 어린 소녀의 얼굴은 나이 많은 영감님의 얼굴로 보이는 것이었다. 필자의 시선이 가자 소녀는 눈이 부신듯 얼른 옆으로 고개를 돌리는 것도 이상하게 느껴졌다.

"혹시 이 아이의 할아버지 형제분 가운데 말년에 장님이 된 분으로서 자살한 분이 없으신가요?"

"네, 계십니다. 둘째 할아버지가 앞을 못보게 되신 것을 비관하고 목을 메어 돌아가셨습니다."

하고 아이의 어머니가 서슴치 않고 대답했다.

"그 할아버지의 영혼이 따님에게 빙의된 것입니다."

하고 필자는 빙의현상이 어떤 것임을 간단하게 설명해 주었다.

그리고는 어린 아이의 두 어깨를 붙잡고 얼굴을 똑바로 보면서 이렇게 이야기했다.

"할아버지! 이 어린 손녀에게 들어와 계시면 어떻게 합니까? 할아버지께서는 인명재천(人命在天)이라는 우주법칙을 어기고 자살하신 것만도 큰 죄를 지으신 것인데, 어린 손녀까지 희생시키신다면 장차 그 벌을 어떻게 감당하려고 그러십니까?"

하고 진지하게 이야기했다.

돌아가신 분이 앞에 계신 것처럼 느끼면서 말했다.

그러자, 어린 소녀는 심히 난처해 하는 표정을 지으면서 고개를 푹 숙이는게 아닌가. 그 표정은 누가 보나 어린 소녀의 얼굴은 아니었다. 바로 당황하는 노인 표정이었다. 필자는 이야기를 계속했다.

"할아버지는 지금 돌아가신 분입니다. 육체가 없는 영혼이십니다. 따라서 장님이 아니십니다. 당신 자신이 아직도 살아있는 것처럼 생각하고 눈이 안보인다고 생각하시는 것은 잘못입니다. 아시겠어요."

그 뒤 정해진 시간 동안 진동수를 마시게 하고 이어서 어머니를 통해 대리제령(代理除靈)을 했다.

아이가 너무나 어리기 때문에 어머니에게 할아버지의 영혼을 한번 빙의시킨 뒤에 이탈시키는 것이었다.

"아이에게서 빙의령이 이탈해서 어머니의 몸으로 들어오면 이 아이는 깊이 잠이 들 것입니다."

하고 필자가 미리 이야기한대로 대리 제령을 시작하자 소녀는 아버지의 무릎에서 곤히 잠이 들었다.

"인제 제령은 되었으니 며칠 있다가 다시 안과병원에 데려가 보십시오. 이번에는 의사들도 수술하면 완쾌된다고 할 겁니다. 할아버지의 영혼이 이탈했기 때문에 따님의 몸에는 나쁜 가스의 발생원이 없어진 셈입니다. 오장(五臟)에서 나오는 가스가 두눈을 통해서 나가게 되어 있는데 그 가스가 지나치게 많으면 백내장이나 녹내장과 같은 안질이 생기는 겁니다."

하고 설명했지만 부모들은 반신반의(半信半疑)하는 눈치였다.

이뒤 6개월이 지난 뒤였다.

이 소녀의 부모가 다시 필자를 찾아 왔다.

필자가 시키는대로 '제령'한 후 며칠이 지난 뒤 안과병원에 갔더니 전과는 달리 수술하면 좋아질 가망이 많다고 하더라는 것이었고 또 수술결과가 아주 좋아서 이제는 재발(再發)할 가능성이 없이 완쾌되었다는 이야기였다.

"수술비도 아주 적게 받았어요. 그래 이상하다고 생각했는데 나중에 알고 보니, 이런 경우 두번 세번 다시 수술하게 되는게 보통이기 때문에 그런 경우를 생각해서 적게 받은 것이라고 하더군요. 그런데 다시 수술할 필요가 없이 완쾌되었으니 기적이나 다름없다고 하시면서 선생님이 굉장히 좋아하셨어요."

하고 소녀의 어머니는 밝게 웃어보였다.

"사람의 영혼이 있다는 사실을 이제는 믿으시나요?"

"네, 믿습니다."

이 경우는 '심령치료'와 '현대의학'이 서로 협조를 해서 아주 좋은 결과를 얻은 예가 아닌가 한다.

6. 백혈병(白血病) 환자 이야기

지난해 정월이 아니었던가 한다. 저녁때가 되어 외출준비를 하는데 난데없이 춘천에서 낯선 젊은이가 필자를 찾아왔다.

약혼녀가 원인불명의 고열로 여러 달 동안 앓았는데 병원에서의 이야기가 아무래도 백혈병 같다고 서울의 큰 병원에 입원을 시키라고 해서 데리고 왔는데 온 날이 바로 토요일이어서 서울대학병원은 입원이 불가능하다는 것이었다. 월요일까지 기다려야 하는데 그럴 처지가 못되어서 필자를 찾아왔다는 이야기였다. 이야기를 듣고 보니 퍽이나 딱한 경우였다.

하는 수 없이 필자는 외출하려던 계획을 취소하고 환자가 임시로 들어있는 서울대학병원 근처에 있는 한의원으로 달려갔다. 만나보니 환자는 몹시 쇠약해 있었고, 이대로 며칠만 손을 안쓰면 목숨도 보장하기 어려운 경우였다.

우선 영사를 해보니 빙의된 것이 분명했다.

"혹시 병원에서 일하는 간호원 아닙니까?"

"맞습니다만……"

"얼마전에 죽은 백혈병 환자를 다룬 일이 없었던가요?"

"네, 그런 일이 있었습니다. 그러지 않아도 요즘은 그 환자의 얼굴이 자꾸 눈 앞에 어른거립니다."

"그 영혼이 아가씨를 의지해서 들어온게 분명합니다."

필자가 시술을 하니 놀랍게도 체온이 금시 정상이었다.

"머리가 맑아지는군요. 지금은 아무 데도 아픈 데가 없습니다."

"하여튼 내일 아침 식사 들지말고 연구원으로 오십시오. 이 경우는 제령을 해야 되니까요."

하고 필자는 돌아왔다.

다음날 아침 연구원으로 찾아온 환자를 제령을 해서 돌려보냈다.

그런데 그날 저녁 갑자기 필자 자신이 아프기 시작했다.

고열이 나는 증세가 꼭 백혈병 증세와 같았다. 역시 진동수를 미리 복용 안시키고 대뜸 체질개선 시술을 한 것이 잘못이었구나 뉘우쳤을 때는 이미 늦었다.

남을 고쳐주고 필자가 대신 죽게 된 셈이었다. 옴진동을 통해 몸안에 축적된 가스를 빼어 보려고 했으나 평소와 같이 진동옴이 나오지 않았다. 남의 중병(重病)이 자기 자신의 감기보다 못하다고 한 속담의 뜻을 뼈아프게 느끼지 않을 수 없었다.

그동안 몇년에 걸쳐서 수천명의 난치병, 불치병 환자들을 체질개선을 통하여 완쾌시켜준 것이 모두 거짓말 같기만 했다.

죽을 사람을 일정한 수속을 밟지 않고 살려 주었기에 대신 필자가 죽게 된 것이구나 하고 깨닫는 동시에 아침에 시술받은 백혈병 환자는 완쾌되었구나 하는 생각도 들었다.

복잡한 감회에 사로잡혀 있는데 아내가 대뜸 이런 말을 했다.

“여보 녹음 테이프로 시술을 해보는게 어떨까요? 진동수 만드는 녹음 테이프로 말이예요.”

필자는 그 말에 귀가 번쩍 띄었다.

대야에 물을 떠 가져오게 하고 우선 진동옴을 쪼인 뒤, 두꺼운 타올을 진동수에 적셔서 이마 위에 올려 놓고 아내에게 녹음기를 들고 그 위로 다시 옴 진동을 일으키게 했다.

아내가 녹음기를 진동시킨 순간이었다. 필자는 정신이 앗질해지면서 깊은 땅 속으로 끌려들어 가는 것같은 이상한 느낌을 가졌다.

다음 순간 이마를 만져보니 아까까지의 고열이 싹 가시고 머리도 개운했다.

“여보 당신 덕분에 큰 발견을 하였구려. ‘옴’진동 테이프가 진동수를 만들뿐 아니라 체질개선 시술도 할 수가 있구려.”

몸의 급소 여러 곳에 같은 방법으로 시술을 하고 나니 금시 몸이 날아갈 것만 같았다. 이뒤 여러 달이 지난 뒤, 이들 두 젊은이가 결혼했다는 소식을 들었다. 신부의 백혈병이 완쾌된 것은 더 말할 나위도 없는 일이었다.

필자에게 하나의 커다란 교훈, 아무리 딱해도 진동수 복용부터 시켜야 한다는 것과 옴진동 녹음 테이프가 지닌 새로운 효용가치를 인식시켜 준 점에서 이 환자를 완쾌시켜준 이야기는 두고두고 잊을 수 없는 경우였다.

7. 얼굴이 바뀐 사람들

20여년 전 서울 단성사(團成社)에서 상영된 〈신들린 여인〉이라는 영화를 보면 빙의령에 의해 얼굴의 인상이 싹 바뀌는 장면이 있었다.

일반 관객들은 영화니까 그럴 수도 있겠지 하고 생각하겠지만 필자 자신은 자주 그런 경험을 겪은 바 있다. 이번에는 부령(浮靈)이 되자 얼굴이 바뀐 경우와, 제령이 되면서 다른 사람의 얼굴로 변모가 된 이야기들을 몇가지 소개해 볼까 한다.

첫번째 이야기

이것은 진동수를 마시고 온 환자가 필자로부터 시술을 받은 뒤에 일어난 일이었다. 필자는 시술하는 과정에서 환자의 몸에서 나쁜 가스를 빼어내기 위하여 젖은 수건을 쓰는데(이 환자는 중년부인이었다.) 수건을 물에 담그니 물이 꼭 우유를 풀어놓은 것 같이 변하는 것이었다.

지난 몇년 동안 수천명의 환자를 다루어 보았지만 이런 일은 처음 겪는 일이었다. 별난 일도 다 있구나 생각하면서 시술을 끝내고,

“자아 일어나십시오.”

했다. 그 순간이었다.

마즌 편에 앉아서 부인 시술하는 것을 보고 있던 남편이 두 눈을 부비면서 부인을 거듭 보더니 한숨을 ‘후’하고 몰아 쉬는게 아닌가.

“원장 선생님, 이거 큰일났습니다. 저 사람은 제 처가 아닙니다. 사람이 바뀌었습니다.”

“그게 무슨 당치도 않은 말씀이오. 사람이 바뀌다니요.”

하고 환자를 본 순간, 필자는 입이 딱 열린채 닫혀지지가 않았다.

조금 전에 시술실에 들어올 때와는 영 딴판인 얼굴의 부인이었다. 가느다랗던 실눈이 커졌고 약간 들창코였던 코가 아래로 내려앉았으며 갸름하던 빰 모양이 바뀌었고 붉던 얼굴빛이 희게 변한 것이었다.

하나 하나 놓고보면 작은 변화지만 전체 인상은 완전히 다른 부인이었다. 조금 전에는 성분을 의심할 만큼 야한 인상이었는데 지금은 품위있는 가정부인의 얼굴인 것이었다.

“왜들 그렇게 보십니까? 제 얼굴이 어떻게 되었습니까?”

하는데 목소리도 카랑카랑하던 조금 전과는 달리 아주 유순한 느낌을 주는 음성이었다.

“이거 큰 일 났는데요. 애들이 저희 엄마 찾아내라고 하겠는데요. 이렇게 얼굴 인상이 바뀔 수가 있습니까?”

하고 남편은 탄식하는 것이었다.

필자가 다시 한번 영사를 해보니 6.25때 여덟살이었던 소녀에게 공습에서 죽은 부인이 딸로 잘못 알고 빙의했던 데서 빚어진 일임이 밝혀졌다.

그동안 이 부인은 빙의령의 생전의 모습을 자기 얼굴로 알고 살아왔던게 분명했다. 시술을 받는 순간, 빙의령이 놀라서 이탈했고 그 때문에 갑자기 얼굴의 인상이 바뀐 것이라고 생각되었다. 필자로서는 두고 두고 잊혀지지 않는 인상적인 사건이었다.

두번째 이야기

어느날 시술실에서 손님과 이야기를 나누고 있는데 현관문 열리는 소리가 들렸다. '누구십니까?'하고 내다보니 처음 보는 59세쯤 되는 남자가 들어서는 것이었다. 얼른 보아서 중풍을 앓고 있는게 분명했다.

"곧 보아드릴테니 잠깐만 기다리십시오."

하고 필자는 다시 서재로 들어왔다.

잠시 뒤 손님을 보내고 응접실로 나간 필자는 소스라치게 놀라지 않을 수 없었다. 조금전에는 분명히 예순이 다된 노인이었는데 응접실에 앉아 있는 사람은 40세 가량 되는 중년 남자였기 때문이었다.

"아니 이게 어떻게 된거죠. 아까는 분명히 예순이 다 된 할아버지로 보였는데 지금은 40대 분이시니……"

라고 해도 환자는 어리둥절해 할뿐 필자가 한 말뜻을 알아듣지 못하는 태도였다.

"어떻게 해서 오셨죠."

하고 필자는 곁에 앉아있는 부인인듯 싶은 여인에게 물었다.

"네, 이분은 제 남편인데 혈압이 아주 높으십니다. 어지러운 증세가 아주 심해서 그래서 왔습니다."

"혹시 바깥양반이 혈압이 아주 높은 예순쯤 된 노인과 말다툼을 한 일이 있고, 그때 말다툼 도중에 그 노인이 졸도해서 죽은 사건이 없었던가요?"

"아니 그걸 어떻게 아십니까? 그런 일이 있었는데요."

"그 노인의 영혼이 빙의되어서 댁의 주인에게 이런 병이 생긴 것입니다."

하고 필자는 빙의령에 대한 이야기를 자세히 설명 해 주었다.

이 환자는 정식으로 '제령'을 받자 그 어지럽던 증세가 없어졌을 뿐 아니라 혈압도 거의 정상이 되었다고 한다.

세번째 이야기

마지막으로 아주 색다른 이야기 하나를 소개해 보고저 한다. 지금부터 한 10여년 전 일이었다고 생각된다. 저녁때가 다 되었는데 누군가가 현관에서,

"안형 계십니까?"

하는 소리가 들렸다. 필자도 그때 나이 50이 다된 터이라 안선생이라는 이름만을 듣는 습관이 되었고, 안형이라고 불리워보기는 정말 오랫만이었다.

누군가 하고 나와 보니 40여년 전 필자가 서울 문리대(文理大)에 다닐 때의 후배였다. 같은 국문과는 아니고 분명히 정치과 다니던 한반 아래 후배였다.

"아니 웬일이시오. 우리 집을 다 찾아오고."

"네, 제가 간이 나빠서 간장염을 앓고 있는 지가 1년이 넘었습니다. 그동안 병원치료도 받아보고 좋다는 약은 모두 써 보았는데 영 차도가 없을 뿐 아니라 최근에는 손에 잡히는 것이 아무래도 간(肝)경화가 되지 않았나 싶습니다. 그런데

누가 소개 하기를 안선배께서 체질개선법을 연구하셔서 많은 사람들을 체질개선시켜서 건강하게 해 주셨다고 하기에 찾아 왔습니다. 저를 소개한 사람도 간장이 나빴는데 안선배님의 시술을 받고 건강해졌다고 하더군요."

"알았어요. 보아드리죠. 그런데 요즘은 어디 나가시오."

"네, K대학 영문과 교수직을 맡고 있습니다."

그 말을 듣는 순간, 필자는 별 이상한 일도 다 있구나 하고 생각했다.

분명히 학교 다닐 때는 정치과 학생이었는데 언제 영문학 공부를 해서 이름난 사립대학인 K대학의 교수가 되었을까 하는 생각이 들었기 때문이었다.

방안에 들어와서 자세히 살펴보니 간경화 증세가 분명한 듯 했다.

"생각한것 보다 가볍지는 않군요. 진동수를 3개월 가량 복용하고서 시작하는게 좋겠군요."

"진동수가 뭐죠?"

하고 묻는 그에게 필자는 자세한 설명을 해 주었다. 허나 모처럼 선배라고 찾아온 사람을 그냥 보내기가 안되어서 두 눈을 눌러 옴진동을 해 주고 진동수를 만들어서 세수를 하게 했다. 그런데 말이다.

잠시 뒤, 방안에 들어오는 그를 보니 아까와는 영 다른 사람이었다. 분명 그는 필자가 알고 있는 정치과 후배가 아니라 영문과 후배였던 시인(詩人) 김용목(가명)이었다.

"아아니 이거 김용목씨 아니야!"

하고 필자는 놀라지 않을 수 없었다.

"아니 그럼 안형은 저를 누군줄 아셨습니까?"

"정치과 후배였던 박명식인 줄만 알았지 뭐겠오."

"그럴 수가 있습니까? 이거 섭섭하군요."

"아니 내가 김용목씨를 모를 까닭이 있겠오. 경기 후배고, 전에 D고교에 있을 때 한번 찾아간 일도 있었고, 현대문학지를 통해서 시인이 된 것도 알고 있는데!"

"그럼 어떻게 저를 몰라 보셨나요?"

"얼굴이 바뀌었기 때문이지. 아까 처음에 들어왔을 때는 분명히 박명식이었거든."

"허긴 제 얼굴이 전과는 많이 달라진게 사실입니다. 이병을 앓게 되면서부터였죠."

"자아 여기 거울을 좀 보라구."

하고 필자는 거울을 들려 주었다.

"아니, 이럴 수가! 이건 분명히 병 앓게 되기 전의 제 얼굴인데요."

놀라는 후배에게 필자는 자세히 설명을 해 주지 않을 수 없었다. 박명식은 4.19때 총상을 입고 오랫동안 병상에서 고생을 했고 얼마 전에 죽은게 분명하다는 것이었다.

그의 죽은 영혼이 빙의됨으로써 일어난 간장병이라는 것도 잊지 않고 설명을 해 주었다.

"어디 손 한번 봅시다."

하고 후배의 손을 본 필자는 다시 한번 놀라지 않을 수 없었다. 간경화를 나타내는 붉은 반점을 손바닥에서 하나도 찾아 볼 수가 없었기 때문이었다. 환부도 만져보니 손에 잡혀지지도 않았다.

"깜쪽 같이 좋아졌는데요."

하고 그도 믿어지지 않는다는 표정이었다. 그 다음날 그는 필자를 다시 한번 찾아왔다. 자기는 카셋트 녹음기가 없고 구형인 릴 녹음기 밖에 없노라고 녹음 테이프를 가져 온 것이었다. 그뒤 2년 가까이 지냈지만 그에게서는 다시 아무런 연락이 없다. 그때 이후로 병이 완쾌되었기를 빌 따름이다.

제 2 장
사진은 말한다

1. 업장소멸의 길

옛날 사람들은 사진을 찍으면 그 사진 속에 영혼이 빨려 들어가서 일찍 죽는다는 미신같은 것을 믿은 바가 있다고 한다.

요즘에는 한낱 미신 취급으로 끝난것이 사실이지만, 아직도 사진 찍는 것을 몹시 싫어하는 이들이 있는 것만은 현실이 아닌가 한다.

미국의 유명한 억만장자였던 작고한 허버드 휴즈 같은 사람이 그 가장 좋은 예이다.

X레이 사진을 자주 찍는 것은 확실히 수명과 관계가 없는 것은 아닌 듯하다.

심령과학과 사진에 얽힌 이야기를 잠시 소개하면, 이른바 염사(念寫)라는 것이 있는데, 이것은 특수한 영능력을 가진 영능력자가 대상없이 생각만 보내서 사진을 찍는 방법이다. 또 죽은 사람들의 영혼사진을 찍은 실례(實例)도 굉장히 많은 것으로 필자는 알고 있다.

때로는 무심히 찍은 친구들 사진 속에 얼마 전에 사고로 죽은 친구의 모습이 잡힌 경우도 있다.

이런 것들을 심령과학에서는 물리적인 심령현상(心靈現象)으로 취급하고 있고 해외 각국에서는 그런 사진들만 모아서 낸 사진첩들도 발간된 것을 필자는 본 일이 있다.

필자는 지난 몇년 동안의 경험을 통해 사진을 보고도 영사(靈査)가 가능하다는 것을 수없이 경험한 바 있다.

빙의령이 빙의된 것도 알아낼 수 있을 뿐만 아니라 생후 1년 이내의 아기 사진을 가지고도 경험적으로 전생(前生)을 알 수가 있었다.

또한 사진을 필자의 시술실 안에 진열해 놓기만 해도 놀라운 심령치료 효과를 거둘 수 있음을 알게 되었다.

지금 필자의 시술실 안에는 2백장 이상의 사진들이 놓여 있다. 이러한 사진들에 얽힌 이야기를 이제부터 차례로 소개해 볼까 한다.

지난해 9월 초하루였다고 기억된다.

필자의 중학 후배되는 김진구(가명)라는 분이 그 어머니와 함께 사진 한장을 들고 필자를 찾아 온 일이 있었다.

"형수님께서 아이를 낳으셨는데 이 아이가 폐혈증으로 죽어가고 있습니다. 그런데 여느 폐혈증과는 좀 증상이 다르다는 거예요. 아무래도 빙의현상이 아닌가 싶어서 사진을 갖고 왔습니다. 어떻게 살릴 수 있는 방법이 없을까요?"

하고 갓난 아이를 찍은 천연색 사진을 내어 놓는 것이었다. 그리고, 태어나자 마자 찍은 사진이라고 했다.

아이를 낳은 병원에서 신생아(新生兒)의 사진을 찍어서 기념품으로 써비스한다는 것이었다. 사진을 본 순간 필자의 머리에 번개같이 스쳐가는 생각아 있었다.

"어떻게 살려내는 방법이 없을까요?"

필자가 심각한 표정을 지은 채 말이 없는 것을 보고 후배는 다시 한번 같은 말을 반복했다.

“이 아이는 아무래도 뇌성마비가 될 가능성이 많습니다. 억지로 살려내는 것이 과연 아기에게나 부모에게 좋은 일이 될지 의문이로군요.”

“그렇다면 원인이 있을게 아닙니까? 아무 죄가 없는 아이가 뇌성마비가 될 까닭이 없지 않아요.”

“원인이야 있겠죠.”

“말씀해 보세요.”

“원인은 이 아이가 태어나기 전의 전생(前生)에 있다고 생각됩니다. 이 아기는 전생에서 권희웅(權熙雄)이라는 이름의 남자였습니다. 고혈압으로 쓰러져서 의식불명 3개월만에 1973년 12월 7일 오후 4시 2분 K병원에서 57세에 죽은 전직 경관이 아닌가 생각됩니다.

이분은 6.25사변 중 공비 토벌작전에도 참가했었고, 직권을 남용해서 억울한 사람의 누명을 벗겨주지 않고 죽게 만든 일이 많은 것 같습니다. 그러니까 이번에 태어난 것은 전생의 과오에 대한 처벌을 받기 위해서라고 생각됩니다. 어떤 의학적인 처치없이 이 아이가 이대로 죽으면 그것으로서 전생에서의 업장은 소멸이 되고, 다음에 다시 태어날 때는 건강한 몸으로 출생을 하겠지만 억지로 살려 놓으면 뇌성마비가 될 가능성이 많습니다.”

“그럼 희망이 없다는게 아닙니까?”

“아니 한가지 방법이 남아 있기는 합니다. 이 사진을 여기 두고 가시면 내가 만나는 사람마다 이 이야기를 해 드리겠습니다. 물론 누구의 아이라는 이야기는 하지 않을 거구요.”

“그게 어떻게 도움이 될 수 있다는 거죠.”

“다른 사람들에게 죄를 짓는 결과가 어떻다는 것을 인식시켜서 옳게 살아가는 하나의 지침이 될 때, 이 아기가 지니고 태어난 업장은 차차 소멸이 될 것이고 그렇게 되면 뇌성마비가 안되고 건강을 회복하거나 아니면 조용히 이 세상을 떠나게 될 것입니다."

이들은 어린 아이의 사진을 필자에게 맡겨 놓고 갔다.

처음에는 흉칙한 인상을 주던 아기의 얼굴이 요즘에는 점점 보기 좋아지는 것 같다. 그 후에 이 아기가 완전히 건강을 되찾았는지, 아니면 죽었는지 또는 뇌성마비가 되었는지 후배가 다시 필자를 찾아오지 않았기 때문에 확인할 길은 없었으나 업장소멸의 본보기는 된 듯하다.

이 이야기를 여기 기록하는 목적도 어떻게든 아기의 업장을 소멸시키는데 도움이 되었으면 하는 생각에서 임은 물론이다.

2. 정다워진 부부

따님 내외를 미국에 이민시킨 중년부인이(그녀의 이름은 이천애(李天愛)라고 했다) 필자를 찾아 온 일이 있었다.

부산에 있는 둘째 딸이 만성 신우염을 앓고 있는데, 밥은 전혀 먹지 못하고 과일만으로 연명하고 있노라고 했다.

"그러시다면 옴진동 녹음 테이프를 갖고 가셔서 진동수를 만들어 한달동안 마시게 해 보십시오. 그렇게 해서 어떤 변화가 생긴 뒤에 한번 데리고 오십시오."

하고 녹음 테이프를 주어 돌려 보냈다. 그 뒤 한달이 지났을 무렵이었다.

이천애 여사가 따님을 데리고 상경했다.

"인제는 밥도 먹고 고기까지도 소화시킬 수 있을 정도가 되었어요."

하고 그녀는 몹시 기뻐했다. 따님은 두서너 번 시술을 했을 뿐인데 거의 완쾌되다시피 되었다. 이때 이천애 여사와 여러가지 이야기 끝에, 사진을 갖다 놓고 한달 이상 지나면 어떤 효과가 생기더라는 이야기를 했더니 당장 그 다음 날로 미국에서 살고 있는 따님 사진을 갖다 놓았다.

또 며칠이 지나자 이번에는 젊은 부인은 한분 모시고 왔다. 이유없이 부부싸움이 잦은데, 가만이 들어보니 남편의

학대가 보통이 아니었다. 딸까지 있는데도 여지껏 혼인신고도 하지 않았을 뿐만 아니라 입만 벌리면 이혼하자고 한다면서 곱살하게 생긴 부인은 눈물지었다.

"바깥 양반을 한번 모시고 와 보시요."

"원 별 말씀을, 그이는 절대로 오지 않습니다. 철저한 무신론자(無神論者)인데요."

하고 부인은 고개를 저었다.

"그럼 남편 사진이라도 가져와 보시지요."

"네, 그렇게 말씀하실 줄 알고 여기 사진 갖고 왔습니다."

하고 부인은 딸과 함께 온 가족이 함께 찍은 천연색 사진을 한장 내어 놓았다.

영사를 해보니 남편에게 생령(生靈)이 붙어 있는게 분명했다.

"남편되시는 분이 부인과 결혼하시기 전에 혹시 어떤 여자와 깊이 사귄 일이 없었나요?"

"네, 있습니다. 동거생활까지 한 애인이 있었는데 집안에서 워낙 반대가 심해서 헤어졌다고 하더군요."

"그 여자의 저주가 붙었군요. 염력(念力)이 강한 사람이 극도로 정신을 집중해 어떤 사람을 저주하면 영(靈)의 화생(化生)이라고 해서 생령(生靈)이 생기고 이것이 그 사람에게 빙의되는 일이 있습니다. 우리나라 속담에 여자의 원한은 5, 6월에 서리를 나리게 한다는 말이 바로 이것을 두고 한 말입니다."

"그 여자는 그뒤 결혼해서 행복하게 산다던데요."

"물론 그 여자는 자기의 저주가 생령을 발생시킨 것도 모르고 있고, 또 남편에 대해서도 원한을 풀었겠지만 한번 생겨난 생령은 언제까지나 같은 작용을 하게 마련입니다. 그러니까 무서운 거죠."

"그럼 저는 어떻게 했으면 좋겠습니까?"

"우선 사진을 두고 가십시오. 그리고 가능하시다면 옴 진동 카세트 테이프를 사다가 '진동수'를 만들어서 부인은 물론이고 남편까지 온 식구가 다 복용해 보세요."

"저는 경제력이 전혀 없기 때문에 녹음기를 구입할 수가 없는데요. 어떻게 하죠."

하고 그녀는 심히 난감한 표정을 지어 보이는 것이었다.

"그러시면 오후 1시에서 4시 사이에 저의 연구원으로 전화를 하시죠. 진동 부탁합니다 하면 여기서는 녹음기를 틀어서 옴 진동을 보내드립니다. 수화기에서 나오는 소리를 물에다 쪼이면 됩니다. 남편이 물을 안마시거든 꿀물을 만들어서 마시게 해 보세요. 틀림없이 좋은 결과가 올겁니다."

하고 돌려보냈다.

이뒤 한달쯤 지났을 무렵이었다.

이천애 여사가 다시 이 부인을 모시고 필자를 찾아 왔다.

"선생님 정말 고맙습니다. 덕분에 저희는 지금 행복하게 살고 있습니다."

라고 부인은 이야기 했다.

경위를 들어보니, 사진을 갖다 놓은 지 사흘째 되던 날, 남편은 대단치 않은 일로 크게 화를 내고 안살겠다고 하면서 집에서 나갔다는 것이었다.

사진을 갖다 놓아서 좋아지기를 바랐는데 사태가 악화되니 사진을 갖다 놓은것 까지도 후회되더라고 했다.

그런데 외박한 지 사흘만에 남편은 집에 돌아왔고 그것을 계기로 사람이 완전히 바뀌었다는 것이었다.

"자진해서 결혼신고도 해 주었고요. 이제는 모든 일에 저와 의논을 하는 사람이 되었어요. 저도 처음에, 이천애 여사에게 이야기를 들었을 때는 반신반의했었는데 정말 이렇게 놀라운 변화가 있을 줄은 몰랐어요."

"그럼 진동수는 마시고 계신가요?"

"네, 아침마다 진동수에 꿀을 타서 마시게 했더니 오랫동안 앓던 위장 질환도 깨끗이 나았고요. 저희는 이제 완전히 진동수 가족이 된 셈입니다."

"축하 합니다. 그럼 사진을 다시 가져가실까요?"

"아닙니다. 그냥 두어두세요. 또 무슨 변동이 생기면 어떻게 하게요."

해서 우리는 모두 박장대소를 했다.

생령은 따로 제령을 안해도 이런 방법으로 소멸이 될 수 있다는 것을 보여준 좋은 보기가 아닌가 한다.

3. 팔자 고친 부인

이 역시 이천애 여사가 소개해 준 송천심(宋天心)(가명) 여사에 대한 이야기를 해 볼까 한다.

송여사는 집안이 구차해서 술집에서 호스테스로 일했고 그런 술자리에서 알게 된 어떤 남자와 사랑을 하게 되어 아들까지 낳은 사이였다. 그러나 이들의 앞길은 평탄치가 못했다. 가족들의 완고한 반대에 부딪치자 남자의 마음은 변했고 급기야 송여사는 버림받는 몸이 되었다.

결혼을 계기로 시궁창에서 어떻게든 빠져나오려던 그녀는 절망한 나머지 세상을 등지고 입산수도를 하게 되었노라고 했다.

필자가 보기에도 그녀는 특이체질이었고 잘 훈련만 하면 뛰어난 영능력자(靈能力者)로 성장할 가능성이 있어 보였다. 그녀는 옴 진동 테이프를 구입해 갔고, 자기와 아들과 헤어진 남편의 사진이 든 작은 사진틀을 놓고 갔다.

그뒤 이 사진첩은 일년 가까이 필자의 시술실 안에 놓여 있었다. 그런데 지난해 연말에 이천애 여사가 찾아와서 하는 이야기를 들으니 송여인은 다시 재혼(再婚)을 하게 되었노라고 했다.

상대방은 명문집 아들이고, 총각이고 세살이나 손 아래 남자라고 했다. 시아버지 되시는 분은 이름만 대면 누구나 알만한 사람인데 송여인의 영능력을 높이 평가했다는 것이었다.

물론 송여인의 과거는 모두 알고 있다는 이야기였다.

"시아버지께서 이 이야기를 끄내는 순간 시어머니 되시는 분은 마음에 큰 충격을 받아서 기절을 했다는군요. 얼마나 충격이 컸으면 사흘 뒤에야 정신을 차렸겠습니까?"

하고 이천애 여사는 이야기 했다.

이밖에도 이천애 여사가 갖다 놓은 사진의 주인공들에게는 한결같이 큰 변화들이 일어났다고 한다.

미국에 있는 따님도 성격이 좋아졌고 전에는 편지도 잘 안하는 편이었는데 요즘은 매달 생활비조로 2백달러씩 보내올 정도로 효녀가 되었노라고 했다.

중풍에 걸려서 언어장해를 일으킨 남자가 진동수를 복용하고 또 사진을 갖다 놓은 뒤, 성격에 큰 변화가 일어나서 가정에 아주 충실한 가장이 되었다는 이야기도 모두 이천애 여사가 필자에게 들려준 이야기다.

이천애 여사의 증언들은 녹음을 해서 비치해 놓고 있으며 필자를 찾아오는 사람들에게 참고로 들려주곤 하고 있는 터이다.

4. 어느 가출 청년의 경우

지금부터 15, 6년 전이었다고 기억된다. 그로부터 3년 전에 집을 나간 아들의 행방을 찾아달라고 한 부인이 필자를 찾아온 일이 있었다.

"저희는 대구에 살고 있었는데 지금부터 3년 전에 서울로 이사를 왔습니다. 그때 대구로 마지막 짐들을 가지러 간 아들이 그곳에도 도착하지 않고 집으로도 돌아오지 않고 그만 행방불명이 되고만 것입니다."

"그래 여러가지로 찾아는 보셨나요?"

"갈만한 데는 모조리 수소문을 해 봤고 신문광고 까지 내었습니다만 끝내 아무 소식이 없었습니다. 길에서 누가 보았다는 사람도 없습니다. 사람이 죽어서 없어진게 아니고서야 이렇게 흔적도 없이 사라질 수가 있겠습니까. 이번에 주민등록증이 갱신되니까 어디 있든 살아 있으면 나타나겠지 했는데 그것 역시 허사였습니다."

하고 청년의 어머니는 한숨을 몰아 쉬었다.

이야기를 들어보니 서울 공대를 우수한 성적으로 졸업한 젊은이라고 했다. 이야기를 듣고 보니 필자도 여간 난감하지가 않았다.

짚단 속에서 바늘 찾는 것이나 다름이 없다고 생각이 되었기 때문이었다.

"그럼 혹시 아드님의 사진이라도 가져 오신게 있나요?"

"네, 여기 있습니다."

하고 내어놓은 것을 보니 죽은 사람은 아니라는 생각이 들었다.

"사진을 놓아두고 가십시오. 제가 영사해 보기에는 아드님은 분명히 살아 있다고 생각됩니다. 사진을 여기 두고 가시면 제가 아드님의 보호령과 연락을 해서 집으로 돌아가도록 노력해 보겠습니다."

"그럼 언제쯤 아들이 돌아올까요?"

"아무래도 한달쯤은 시간이 필요할 겁니다. 하여튼 기다려 보십시오."

하고 이날은 그냥 돌려 보냈다.

그뒤 한달이 지난 어느 날 밤이었다.

10시가 다 된 시간인데 초인종이 울렸다.

손님이 찾아올 시간은 아닌데 웬일일까 하고 나가보니 한달 전에 사진을 놓고 간 부인이 웬 젊은이와 함께 어둠 속에서 있었다.

"아니 이 밤중에 웬일이십니까?"

하고 보니 젊은이는 낯이 익은 얼굴이었다.

"저의 아들입니다. 오늘이 한달째 되는 날인데 이 아이가 제발로 집을 찾아 왔군요. 그래 하도 신기하기도 하고 고맙기도 해서 이렇게 밤이 늦은 줄 알면서도 선생님을 찾아와 뵙게 된 것입니다."

하고 부인은 사뭇 울먹이기까지 하는 것이었다.

이야기를 듣고 보니 아들은 그동안 어떤 공장에서 일을 하고 있었으며 기숙사 시설이 있어서 통 외출도 하지를 않았다는 것이었다.

"이 사람아, 아무리 그렇기로서니 부모님한테 편지 한통 안할 수가 있나?"

"죄송합니다. 저는 성공을 하면 부모님 앞에 나타날 결심이었습니다. 그래 그동안 집 생각은 통 안하고 살았는데 한 달 전부터 갑자기 집 생각이 나기 시작하더니 이제는 도저히 참을 수가 없게 되었습니다."

생각해 보니 필자의 연구원에 사진을 갖다 놓은 날 부터 그의 심경에 변화가 일어난게 분명했다.

필자는 사진을 통한 원격 암시가 가능하다는 것을 확인할 수가 있어서 여간 기쁘지가 않았다.

그런데 이로부터 며칠이 지난 뒤였다. 이 청년의 어머니가 또 다시 얼굴이 하얗게 질려서 필자를 찾아 왔다.

"아드님이 또 집을 나갔군요."

"그걸 어떻게 아시죠."

"염려마십시요. 이번에는 짐을 가지러 간 것일테니까요. 아주 집으로 들어오기 위해서죠. 내년에는 귀여운 며느님도 보실테니까 아무 염려 마시고 돌아가세요."

과연 며칠 뒤 연락이 왔다.

아들이 짐을 갖고 완전히 귀가했다는 이야기였다.

5. 결혼을 못하는 젊은이

지난 해 초여름 전남 K고을에 사는 어느 부자가 색다른 고민을 안고 필자를 찾아왔다. 아버지는 고향에서 농사를 짓고 있고, 아들은 그 고장에서 고등학교 선생이라는 곱살하게 생긴 젊은이었다.

"자식이라고는 이 애 밖에 없는 외아들인데, 벌써 여러 해 전부터 장가를 보내려고 해도 영 뜻대로 되지를 않는군요. 무슨 놈의 조화 속이 붙어 있는 것 같아서 이렇게 선생님을 찾아 왔습니다."

"아드님의 신부에 대한 기대가 너무 커서 그랬던게 아닐까요?"

"아니 절대로 그렇지가 않습니다. 그동안 선은 수십명을 보았는데 이것은 어떻게 된 영문인지 그중의 한 처녀도 시집오겠다는 경우가 없지 뭡니까?"

"그래요."

"그래서 나중에는 집에서 살림만 해주면 된다고 생각해서 좀 팔푼이라는 아가씨도 만나보았는데 역시 마찬가지지 뭡니까? 언청이 처녀까지 맞선을 보았다가 거절을 당했다면 다 아실 것 아닙니까?"

"그렇다면 보통 문제가 아니군요."

"아들은 그 때문에 노이로제 증상까지 생겼지요. 전생에 여자에게 무슨 못된 짓을 했길래 남들은 잘만 가는 장가인데, 하나도 문턱 근처에도 못갑니까?"

필자는 이 젊은이에 대해서 미상불 영사를 해 보지 않을 수 없었다.

"군대는 갔다 왔나요?"

"네."

"혹시 군 복무중 일선지방에 있을 때 어떤 처녀와 깊이 사귄 일이 없었던가요?"

"네, 있습니다. 어떤 처녀와 알게 되어 불과 몇번만에 동침을 한 일이 있었습니다. 뜻밖에도 너무 간단하게 몸을 허락했기 때문에 화류계 여자가 아닌가 싶어서 다시는 가까이 하지 않고 그뒤 제가 다른 부대로 전속을 했는데, 이 여자가 항상 마음에 걸리곤 했습니다. 지금 생각하니 처녀였던 것 같고, 그 여자가 워낙 저를 좋아해서 그렇게 된 것을 제가 공연한 오해를 한것 같습니다."

젊은이는 지난 날의 자기 잘못을 순순히 고백하고 몹시 후회하는 태도였다.

"너도 병신인 줄만 알았더니 그런 일이 있었구나. 왜 진작 그런 이야기를 하지 않았어. 그 처녀에게 장가 가면 될게 아녀."

하고 아버지는 대뜸 생기가 돌았다.

"그게 말입니다. 하도 오래 전 일이고 지금 어디 사는지 몰라서 연락할 수가 없는 걸요."

하고 젊은이는 한숨을 몰아 쉬었다.

"그 처녀가 젊은이를 몹시 원망했고, 그 때문에 생령(生靈)이 발생해서 젊은이에게 빙의가 된게 분명합니다. 제령을 하고 사진을 하나 놓고 가세요. 앞으로 한달 안에 좋은 일이 있을 겁니다."

이 젊은이는 체질개선 시술도 받았고, 제령도 하고 사진도 놓고 갔다.

그러자 한달이 지나서 젊은이의 아버지에게서 편지가 날라 들었다.

선생님한테 다녀간 지 한달이 넘었는데 하나도 좋아진게 없으며, 며느리 얻을 가망성도 없노라면서 다시 한장 최근에 찍었다는 아들의 사진을 보내온 것이었다.

"아차! 사진첩에 꽂아두는 것을 잊었구나!"

필자는 젊은이의 사진을 유리 사진첩에 넣어두고 조석으로 바라다 보면서 염력(念力)을 보내는 것을 잊지 않았다. 그러자 다시 한달이 지났을 무렵 난데없는 전보가 날아들었다.

〈오늘 약혼했어요.〉

하는 내용의 전보였다.

필자는 처음에 전보를 받아들고 어리둥절했던 것이 사실이었다. 한참만에 발신지가 전남 K고을인 것을 보고 언젠가 찾아왔던 젊은이의 아버지가 보낸 전보임을 확인할 수가 있었다.

한마디로 말해서 대견하다는 느낌이었다. 필자가 보낸 염력(念力)이 제대로 작용했다는 것을 확인한 셈이어서 한편으로는 기쁘기도 했었다.

그뒤 다시 얼마가 지난 뒤 소포로 필자의 집에 김 다섯톳이 배달되었고 뒤따라 아버지가 보낸 편지가 배달되었다.

그 편지 내용을 여기 소개해 볼까 한다.

가아(家兒)의 성혼(成婚)에 대하여 염력(念力)을 보내신 노고에 충심으로 감사합니다.

덕택으로 12월 7일 혼례를 올리고 행복하게 지내고 있습니다. 즉시 방문하여 사례인사를 드렸어야 도리인줄 알면서도 늦어졌습니다.

우선 서면으로 다시 한번 감사드리며 약소합니다만 별도 소포로 김 500매 보냈습니다. 저의 체질개선에 대해서는 경제사정이 좀 풀리면 찾아뵙고 부탁드릴 생각입니다.

1월 9일

손 순 원 배

본인들의 가정의 행복을 위해서 본명은 밝히지 않지만 필자는 이 편지를 소중히 보관하고 있는 터이다.

책임질 생각이 없으면서 한 처녀와 깊은 관계를 갖고 버린 것이 얼마나 고통스러운 결과를 가져오나 하는 좋은 보기라고 생각된다.

요즘 성도덕(性道德)이 굉장히 문란해진 것이 사실이고, 사람에 따라서는 그것을 문명 발달로 착각하는 이들도 있는 것 같은데, 역시 여자는 결혼 전에 몸을 단정하게 갖도록 하는 것이 장래 자신의 행복을 위해서도 좋고 또 남자라고 해서 아무런 책임질 생각도 없으면서 함부로 처녀와 깊은 관계를 갖는다는 것은 결국 화를 자초한다는 하나의 좋은 보기가 아닌가 생각된다.

6. 사진은 정직하다

《심령치료》에서 사진을 보고도 영사(靈査)가 가능하다는 이야기를 읽은 독자들 가운데는 사진을 갖고 필자를 찾아오는 이들이 많다.

그때마다 필자는 최선을 다해서 영사를 해 주곤 하고 있는데 어느 의미에서 본인을 보는 것 보다도 사진을 보고 판단을 내리는 것이 더 정확한 경우가 많다는 것을 필자는 여러번 경험한 바가 있다.

그중 한가지 예를 소개해 볼까 한다.

하루는 한 중년부인이 《심령치료》 책을 읽었다면서 따님의 사진 한장을 갖고 필자를 찾아온 일이 있었다.

"저희 딸은 영 혼사가 성립되지 않는군요."

하고 내어놓는 사진을 보니 스물여섯 이상 되어 보이는 데다가 몹시 난봉기가 있는 인상을 강렬하게 풍기는 사진이었다. 화류계(花柳界)여인으로서 많은 남자를 경험한 그런 인상이었다.

"몇살 때 찍은 사진인가요?"

"열 아홉살 때 찍은 사진입니다."

"이 사진은 누가 보아도 열 아홉살 된 순진한 처녀의 사진이 아닙니다. 남자 세계를 많이 경험한 그런 인상을 주는데 이 사진 갖고서야 혼사가 성립되기를 바라는게 잘못이지요."

그제서야 부인은 후 한숨을 몰아 쉬더니 실토를 했다.

"집안 사정이 어려워서 남들처럼 대학에도 보내지 못했습니다. 그래 마땅한 혼처가 있으면 성혼을 시키려고 벌써 여러 해째 노력을 했는데 영 되지를 않습니다. 맞선을 보면 언제든지 신랑 당사자의 반응은 괜찮은 편인데 결국 원인불명인채 이야기가 성립되지 않는단 말씀입니다. 그래 하도 여러번 그런 일을 당하니까 딸 아이는 비관을 하고 요즘은 걸핏하면 집을 나가려 드는 바람에 큰일입니다."

필자는 다시 한번 그 사진을 보았다. 그 순간 번개같이 스쳐 가는 생각이 있었다.

"이것은 분명히 따님의 진짜 얼굴이 아닙니다. 열 아홉살된 처녀가 이런 얼굴을 하고 있을 까닭이 없어요. 3년전에 무교동 W라는 맥주홀에서 일하던 호스테스로서 김인옥(金仁玉)이라는 아가씨가 폐결핵 3기를 비관하고 또 애인에게 버림받은데 충격을 받고 쥐약을 먹고 자살한 일이 있는데 그 아가씨의 영혼이 따님에게 빙의된게 분명합니다. 자기의 사촌 동생으로 착각해서 의지해 들어온 거죠. 하여튼 사진을 두고 가십시오. 그리고 따님에게는 진동수를 장기간 복용시켜 보십시오."

이날 이 부인은 카셋트 테이프를 구해 가지고 돌아 갔다.

그뒤 얼마가 지난 뒤였다.

이 부인의 소개를 받고 찾아온 어느 젊은 여인이 이런 이야기를 했다.

"그 처녀의 어머니는 무교동에 있는 W라는 술집을 찾아갔다는군요. 손님을 가장하고 말예요. 그 집에서 제일 오래 일한 호스테스를 불러서 물어보았더니 선생님 말씀이 맞더라는 것입니다. 자기 귀를 믿을 수가 없어서 그뒤 세번이나 그곳을 찾아 여러 호스테스에게 알아 보았는데 선생님 판단이 정확했다는 것입니다."

"그래요."

"따님은 진동수를 마시기 시작하더니 한동안 밤낮없이 잠만 자더라지 뭡니까? 그러더니 얼굴 인상도 바뀌고 가출하려던 버릇이 없어졌답니다. 또 좋은 혼처가 나서서 곧 결혼하게 될 모양이구요."

사진은 정직하다는 것, 이 경우는 필자의 손을 빌리지 않고 진동수 복용만으로 스스로 제령이 된 아주 드문 경우가 아닌가 한다.

7. 사진과 심령치료

지난 20년 동안의 경험으로 미루어 보면, 사진을 보고도 분명히 영사(靈査)가 가능할 뿐만 아니라 오히려 어느 경우에는 실물 보다도 더 정확하다는 것을 확인한 바가 있다.

또한 영혼이 빙의된 사람의 사진과 그렇지 않은 사람의 사진은 분명히 다르다는 것도 또한 증명되었다.

알콜 중독자로 죽은 망령(亡靈)들이 일곱명이나 빙의된 사람이 있었는데, 제령시킨 날 찍은 사진과 비교하면 누가 보아도 얼른 알아볼 수 있을 만큼 하나는 생기가 없고, 하나는 활력이 넘친 인상을 하고 있는 것이다.

이 동일한 인물의 두개의 상이한 사진은 필자가 보관하고 있다.

보기를 원하는 이들에게는 언제든지 보여주고 있는데, 누구나 보는 사람마다 필자의 의견에 찬성하곤 했었다.

빙의된 사람들의 사진을 많이 보면 누구나 쉽사리 사진을 보고도 빙의 여부를 판가름 할 수 있으리라고 생각한다.

빙의된 사람들의 사진을 오랫동안 필자의 시술실 안에 두어 두면, 짧으면 한달에서 길어도 반년 안에 성격상으로 크게 변화가 오는 것을 여러 번에 걸쳐 확인되었다.

이것은 필자가 하루종일 일으키고 있는 옴 진동이 분명히 사진의 주인공들에게 어떤 작용을 미치기 때문이라고 생각된다. 특히 빙의령으로 말미암아 성격의 이상(異常)을 가져온 사람들, 생리적으로 난치병·불치병에 걸린 사람들에게서는 일정한 변화가 일어났다는 보고들이 많다.

이대로 가다가는 더 이상 진열해 놓을 곳이 없을 만큼 사진 사태가 날 지경이다.

손님들 경우에 따라서는 환자가 완쾌되었다고 다시 사진을 찾으러 오는 이도 더러 있으나 이것은 어디까지나 예외에 속하는 일이고 대부분은 계속 사진을 보관해 주기를 원하고 있다. 그래서 앞으로는 오래 된 사진부터 차례로 정리를 할 계획이다. 6개월 이상 되어도 아무런 보고가 없는 사진과 분명히 효과를 거둔 것을 확인한 사진들은 철거할 생각이다.

8. 사진에 나타난 전생(前生)

영혼이 빙의된 사실은 사진을 보고도 알 수가 있을 뿐 아니라 사진에서 전생(前生)을 알아낸 경우도 있다. 사진을 본 순간, 그 사진의 주인공 전생을 알 수 있었을 때, 사실 누구보다도 놀란 것은 필자 자신이었다.

세상에 비밀은 없구나! 하는 탄식이 절로 나왔다. 필자가 아무리 소설가로서의 능력을 갖고 있다고 해도 어찌 사진을 본 순간에 복잡한 과거 이야기가 한 순간에 떠 오를 수 있겠는가! 그런 희귀한 이야기들을 몇가지 차례로 소개해 볼까 한다.

첫번째 이야기

지금으로부터 10여년 전 일이었다고 기억된다. 하루는 지방에서 두 손님이 필자를 찾아온 일이 있었다.

"선생님은 본인이 없어도 사진만 보고서도 영사를 할 수 있다고 들었는데요."

인사가 끝나자 한 손님이 던진 질문이었다.

"네, 그렇습니다만."

"그러시다면 이 사진을 보시고 영사를 해 주시면 고맙겠습니다."

하고 그는 '남산 기념'이라는 글이 들어있는 웬 중학생을 찍은 사진을 꺼내 보였다.

"아드님이시군요."

"네, 그렇습니다."

"성격에 결함이 있군요. 혹시 도벽같은 것 있는게 아닙니까?"

"맞았습니다. 이 아이는 아주 악성(惡性)의 도벽을 가졌습니다. 부끄러운 말씀입니다만 지금 소년원에 수용되어 있는 처지입니다. 저의 가정이 어려운 처지도 아니고 제딴에는 최선을 다해 돌봐주었는데 영 고질적인 도벽을 버리지 못하고 있습니다. 혹시 빙의령이 있는 것이 아닐까요?"

"맞습니다. 전생에서 도적으로 처형된 다섯사람이 빙의되어 있습니다."

"저는 얼른 믿어지지 않습니다만 그 이야기를 좀 해주실까요."

"그럽시다."

이조 말엽에 있었던 일이 아닌가 한다.

강화유수로 부임한 이선임(가명)은 강직하기로 이름난 사람이었고, 그에게는 장성한 아들이 하나 있었다. 이때 강화에는 이름난 도적의 가족 다섯명이 살고 있었다. 그들이 여러 번에 걸쳐서 죄를 범하자, 이선임은 몹시 화를 내고 그들에게 곤장 3백대씩 때리는 벌을 내리게 했다.

말이 태형이지 곤장 3백대는 사형선고나 다름 없는 형벌이었다. 이런 모진 매를 견더 낼 사람은 좀처럼 없기 때문이다. 이 이야기를 전해 들은 유수의 아들이 아버지에게 간언을 올렸다.

"아버님, 하치않은 좀도덕질을 한 위인들을 곤장 3백대로 사형을 시키신다는 것은 좀 벌이 지나치신 것 같습니다. 그렇게해서 다섯명이 모두 죽는다면 일가몰살의 중벌을 받은 게 되지 않습니까? 어떻게 달리 생각해 보시는게 어떠십니까?"

이 말에 강화유수 이선임은 크게 화를 내었다.

"너 이놈, 너는 글방에서 공부나 해서 과거에 급제할 생각이나 할 것이지 아비가 동헌에서 하는 일에 참견할 게 아니다. 내 바른 말을 한다마는 그놈들은 아주 고질적인 도벽을 가진 도적들이다. 아주 도적의 씨를 말려 놓아야지 그대로 두어서 자손이 번창하면 후에 화가 더 큰게야, 알겠느냐?"

"하오나 이것은 분명히 직권남용이십니다. 좀도적들을 사형을 시키신다는 것은 아무래도 지나친 처사 같습니다. 다시 생각을 하십시오."

"이놈! 사형은 누가 사형을 해! 곤장 3백대의 태형을 집행하는 게야!"

"엎어지나 둘러치나 결과는 같지 않습니까?"

"다시 그런 소리를 해서 아비가 하는 공무를 방해한다면 너는 내 자식이 아니다. 알겠느냐!"

하고 강화유수는 노발대발했다.

결국 이들 좀도적 5인 가족은 모진 매질 끝에 형장의 이슬로 사라지고 말았다.

"이때 강화유수가 바로 도벽을 가진 선생의 아드님이고 그때의 유수의 아들이 선생이시군요."

"부자(父子)가 뒤바뀌는 수도 있습니까?"

"있습니다. 그때 유수의 아들은 심령적으로 아버지와 같은 자리에 있었기 때문에 순서가 뒤바뀐 것입니다."

"허지만 강화유수가 그때 다섯 죄인을 그처럼 혹독하게 다룬데는 그 나름대로 또 다른 이유가 있었을게 아닙니까?"

"아주 좋은 질문을 하셨습니다. 물론 이유가 있지요. 이때의 유수는 단종시대에 처형된 사육신(死六臣)가운데 한 사람이었고 다섯 도적은 사육신을 모함해서 그들을 죽음의 길로 몰아넣고 공신이 되어 죽은 사람들의 재산을 하사받은 사람들이 다시 태어난 것입니다. 그들은 실질적으로 도적이었습니다. 그렇기 때문에 다음 생애에서는 타고난 도적이 되어 인과법(因果法)에 의한 처벌을 받은 것입니다."

그는 잘 알았다고 하고 돌아 갔는데 그뒤 아무 소식이 없는 것을 보면 아들이 아직 소년원에서 나오지 못했거나 아니면 사진을 통한 원격치료에 의해 빙의령이 이탈한 것이 아닌가 여겨지기도 한다.

두번째 이야기

지방에서 올라 온 어느 중년부인이 따님의 사진을 내어놓고서 영 혼사가 성립되지 않는 까닭이 무엇이냐고 물은 일이 있었다.

자기는 일찍 시집을 간 덕분에 장성한 딸이 있는데(그녀는 지방 고등학교의 여선생이라고 했다),

"제 딸이라고 해서가 아니라 인물도 곱살한 편에 속하고 혼담도 심심치 않게 들어오는데 영 결혼할 생각이 없단 말씀입니다. 이것도 무슨 전생에서의 업장 때문일까요?"

하고 수심에 잠겨 있는 부인에게 필자는 다음과 같은 이야기를 들려 주었다.

“따님에게는 목을 메어 죽은 총각의 영혼이 빙의되어 있습니다.”

“애그머니나! 그러지 않아도 우리 동네 무당도 선생님과 똑같은 이야기를 했습니다.”

“그런데 그것이 이 세상에서 있었던 일이 아니고, 앞서 세상에서 그때도 여자로 태어났던 따님을 사모했던 총각의 죽은 혼령입니다.”

지금부터 3백여년 전 일이 아니었던가 싶다.

서울 무학재 고개에 성질 사납고 술고래인 사나이가 살고 있었다. 주사가 어떻게 심했던지 걸핏하면 여편네를 방안에 가두어 놓고 두들겨 패기가 일수였다. 견디다 못한 아내는 젖먹던 어린 아이를 두고 어느날 밤 행방을 감추고 말았다. 결국 그 때문에 아이는 죽고 말았다.

그뒤 얼마가 지난 뒤, 이 여인은 다시 여자로 태어났다.

시집갈 나이가 되었으나 그녀는 결혼할 생각이 조금도 없었다. 부모가 억지로 시집을 보내면 자기는 그날 밤으로 자결을 하겠노라고 엄포를 놓았다.

동네 총각이 이 처녀를 사모해서 상사병(相思病)을 앓게 되었을 때도 이 처녀는 눈 하나 깜짝하지 않았다.

“사내가 오죽 못났으면 상사병에 걸려요. 저야말로 죽으면 죽었지 그런 사내한테는 시집안가요.”

끝내 총각은 목을 메고 자살을 했고, 그 영혼은 이 처녀에게 빙의됐다. 물론 그녀는 일생을 독신으로 보냈다.

“그 총각이 누군고 하니 앞서 전생에서 버린 아들이었던 것입니다. 어머니를 그리워하다가 죽은 아이가 그 어머니가 재생(再生)한 처녀를 그리워하다가 죽은 것입니다."

"그럼 선생님이 붙어 있다고 한 총각 귀신이 바로 그 아이란 말씀 입니까?"

"그렇습니다. 이야기가 또 있습니다. 여자로 태어나기 전에 따님은 남자였고 술망나니로서 부인을 때려 죽인 일이 있었습니다. 그랬기 때문에 자기가 여자가 되어 앞서 전생에서 맞아 죽은 부인이 이번에는 남편이 되어서 행패를 한 것인데 그 고역을 참아내지 못하고 도망쳤기 때문에 계속 악순환을 하게 된 것이죠."

"총각 귀신은요!"

"그것은 술꾼으로서 아내를 걷어차 죽였을 때, 뱃속에 들어있던 아이였던 것 같습니다."

"정말로 인과법(因果法)이란 무섭군요."

"그렇죠. 하지만 인과를 뛰어넘는 방법이 없는 것은 아닙니다. 그것은 바로 사랑의 정신입니다. 자타여일(自他如一), 곧 남이 나라는 정신으로 살면 악순환에서 벗어날 수가 있습니다. 따님이 이번에도 결혼을 하지 않고 언제까지나 현실도피만 일삼는다면 한없이 여자로 반복적으로 태어나서 결국 언젠가 여자로서의 수업을 끝내야 하는 것입니다."

그 부인은 잘 알았다고 이야기하고 돌아갔다.

그뒤 아무런 소식이 없는 것을 보면 따님은 필자의 이야기를 일소(一笑)에 붙인게 아닌가 한다.

모든 것이 억지로 되는 법은 없다는 것을 보여준 좋은 예가 아닌가 싶다.

세번째 이야기

영주에 사시는 최만화씨가 정신 이상으로 고통받고 있는 한 젊은이의 사진을 가져 온 일이 있었다. 필자가 영사를 해보니 어린 아이를 업은 젊은 부인의 모습을 그 사진에서 느낄 수가 있었다.

"이 젊은이는 전생에서 조강지처를 학대하고 버린 일이 있습니다. 그래서 그 부인은 아이를 들처업고 강(江)에 빠져 죽었습니다. 그 영혼이 빙의되어 정신분열증이 된 것이 분명합니다."

"그럼 어떻게 하면 좋죠."

"우선 옴 진동 테이프를 사가셔서 진동수를 만들어 백일이상 마신 다음 데리고 오십시오. 그동안 사진은 여기 두시는 게 좋겠습니다."

"어떤 효과가 있을까요?"

"이 방안에 사진을 두시면 보호령에게 연락이 됩니다. 또 빙의령에게 작용도 하고요. 하여튼 두고 가십시오."

최만화씨는 사진을 두고 갔다. 지금 필자의 시술실 안에는 거의 2백장이 넘는 사진들이 놓여 있다. 해결이 되어 건강을 되찾은 것을 확인한 사진들은 차례로 정리해 버릴 생각이다. 이러다가는 사진때문에 주체를 하지 못할 지경이니까 말이다. 시간과 공간을 초월한 원격 심령치료는 사진을 통해서 가장 효과가 있음을 필자는 매일같이 경험하고 있음을 밝혀둔다.

제 3 장
과거 · 현재 · 미래

1. 죽어서 만난다

아주 오래 전부터 그러니까 아마 30년이 훨씬 지난것 같다. 필자는 매일 아침 냉온욕을 하는 습관을 지니고 있다.

물론 집에서 하는 것이 아니고 가까운 대중탕(大衆湯)에 가서 냉온욕을 한다. 냉온욕을 한 뒤에 가벼운 요가 체조를 한다.

요즘은 대중탕에도 모두 설비가 되어 있는 스팀실에 들어가 앉아서 기도를 드린다. 물론 마음 속으로 하는 기도니까 누가 옆에서 보아도 그냥 두 눈을 감고 앉아 있는 것으로만 보일 것이다.

냉탕(冷湯)에 들어가기 전에 소금 한웅큼을 집어넣고 옴진동을 물에다 가한다. 그리고 냉탕에 들어가면 물기둥이 솟아 오른다. 직경이 10센티, 높이 5센티 가량의 물기둥은 필자의 몸에서 내어뿜는 나쁜 가스라고 생각된다.

전날에 손님을 보지 않았을 때는 작은 물거품만이 보글보글 솟는 것을 보면 확실히 가스임이 분명하다.

필자가 단골로 다니는 대중탕은 삼청동에 있는 '삼화탕(三和湯)'인데 처음에는 손님들도 필자가 내는 옴진동을 이상하게 생각해서 시끄럽다고 항의를 해온 사람들도 있었으나 워낙 매일 다니는 사람이라 요즘은 시비를 하는 사람이 없다.

그런데, 이 삼화탕에서 지금부터 2년 전 한 노인을 자주 만난 일이 있었다. 작고하신 선친하고는 등산 친구였던 분인데 목욕탕에서 만나니 전에 좋던 풍신이 간곳 없고 몸이 무척 수척해 있었다. 게다가 얼굴을 보니 입이 한쪽으로 기울어져 있었다.

"아니 어디가 편찮으십니까?"

하고 필자가 인사를 하니 노인도 무척 반가워하면서 오랫동안 당뇨병을 앓아 왔고, 고혈압때문에 입까지 삐뚤어졌노라고 했다. 필자는 체질개선에 대한 이야기를 미상불 하지 않을 수 없었다.

"댁에서 얼마 멀지 않으니까 한번 들르십시오. 녹음 테이프를 가져 가셔서 진동수만 장복하시면 좋아지실 겁니다."

하고 필자는 친절하게 연구원의 위치를 알려드렸다.

그뒤 목욕탕에서 만날 때마다 노인은 한번 찾아간다면서 영 뜻대로 되지 않는다고 했다. 시내에서 멀리 떨어진 곳에 있는 침술사는 찾아간다는 노인이 같은 동네에 사는 필자의 연구원이 멀어서 못올리는 없는 일이기 때문이다.

노인이 민망해 하는 것 같아서 그 뒤로는 길에서 만나도 필자의 연구원을 찾아오라는 이야기를 하지 않았다. 예언자는 고향에서 받아들여지지 않는다는 옛 성현(聖賢)의 말씀이 옳다고 생각한다. 어려서부터 필자를 알고 있고, 더욱이 소설가로서 인식되어 있는 사람이 갑자기 병 고치는 이야기를 하니 먹혀 들어갈 까닭이 없는 일이 아니겠는가!

그뒤 목욕탕에서도 이 노인의 모습을 볼 수가 없게 되었으므로, 필자는 몸이 불편해서 목욕탕 출입도 안하게 된 것이려니 생각하게 되었다. 그런데, 지난해 여름부터 삼화탕에서 자주 만나는 한 중년신사가 있었는데 하루는 필자에게 그 소리는 무엇때문에 내는 것이냐고 물어온 일이 있었다. 필자는 자연 체질개선에 대한 이야기를 들려주지 않을 수 없었다.

"그러세요. 그럼 저도 고쳐주실 수 있겠네요."

하고 그는 반색을 했다.

"무슨 병을 앓고 계시죠."

"벌써 10년째 된 당뇨병입니다. 병발증으로 폐결핵까지 되었습니다."

"그러시면 우선 옴 진동 녹음 테이프를 구입하셔서 진동수부터 한달동안 복용해 보세요. 결핵은 그것으로 완쾌되기가 쉽습니다."

"그래요. 한번 찾아가겠습니다."

그뒤 이 손님은 녹음 테이프를 가져 갔고 목욕탕에서 만날때마다 열심히 진동수를 마시고 있노라고 했다. 한달이 지났을 무렵이었다. 그때까지만 해도 여간해서 냉탕에 들어가는 일이 없던 그가 열심히 냉탕과 온탕을 반복해서 왕래하는 것을 보았다. 스팀실에 앉아 있는데 그가 들어와 필자 곁에 와서 앉았다.

"진동수 덕분인지 이제 폐(肺)는 완전히 좋아진 것 같습니다. 병원의 검사결과도 좋고 또 제가 전에는 찬물에 들어가지를 못했었는데 이제는 냉탕에 들어가도 감기에 걸리는 일이 없게 되었습니다. 며칠 안에 한번 찾아가 뵙겠습니다."

하고 고마워 하는 것이었다.

목욕탕에서 이런 이야기를 주고 받은 지 며칠이 지난 뒤였다. 그가 아침 일찍 필자의 집에 찾아 왔다. 시술을 하기 위해서 필자의 앞에 앉아 있는데 갑자기 삼화탕에서 자주 만나던 그 노인의 얼굴이 그의 얼굴 위에 겹처 보였다.

(안선생 오랫만이오. 나 여기 있오.)

하는 소리 아닌 소리도 들리는 듯했다.

그 순간 그 노인과 이 환자가 혹시 부자(父子)지간이 아닌가 하는 생각이 들었다.

그래서 필자는,

"혹시 아버님이 돌아가시지 않았습니까?"

하고 묻지 않을 수 없었다.

"네, 돌아가셨는데요."

"돌아가신 지 오래 되시지 않죠."

"네, 지난 해 겨울에 돌아가셨는데요."

"혹 선친(先親)께서도 당뇨병을 앓으셨고 말년에는 와사증때문에 입이 한쪽으로 삐뚤어지지 않으셨던가요?"

"맞는데요. 그것을 어떻게 아시죠?"

"눈이 크시고 몸이 여위시고 늘 아침이면 삼청공원에 챙이 넓은 캡을 쓰고 산책 다니시지 않으셨나요?"

"그것도 맞습니다. 이거 놀랬습니다."

"지금 선생의 아버님 모습이 눈 앞에 나타났어요."

하고 필자는 노인에 대한 이야기를 들려 주었다.

"실은 제가 외아들입니다. 사업차 미국에 여행간 사이에 갑자기 돌아가셨기 때문에 임종에도 참석치 못했지요."

"선생은 분명히 지금 돌아가신 아버님의 영혼이 빙의되어 계십니다. 체질개선 시술을 며칠 받으신 뒤에 제령을 해야겠어요."

"그러고 보니 마음에 짚히는게 있습니다. 아침에 잠에서 깨어나 눈을 뜨면 아버님 얼굴이 눈 앞에 나타나곤 합니다. 그리고 매사에 공연히 슬픈 생각이 들구요."

"빙의되어 있는게 분명합니다. 제가 알고 있던 그 노인 어른이 선생의 선친이신지 확인하고 싶으니 사진 좀 가져다 주실 수 없을까요?"

"네, 그러죠."

그러나 그는 아버지의 사진을 가져오지 않았다. 매번 올때마다 잊곤 하는 것이었다. 이것으로 미루어 보아도 빙의가 되어 있는게 분명하다고 필자는 생각하지 않을 수 없었다.

필자가 하도 여러 번 재촉을 한 탓인지 어느 날 그는 드디어 돌아간 아버지의 사진을 갖고 나타났다.

첫눈에 그 노인이 분명했다.

"맞습니다. 이 분입니다. 그러니까 살아 계실 때는 인연이 없으셔서 저에게 오시지 않으셨지만 돌아가신 뒤에 아드님 몸에 실려서 저를 찾아오신게 분명합니다. 그럼 확인이 되었으니 내일 제령을 하십시다."

하고 필자는 이야기 했다.

그를 돌려보내면서 어쩐지 그가 내일 안 올것 같은 느낌이 들었다. 어떤 가벼운 사고가 날 것 같은 예감이 들기도 했다. 빙의된 그의 아버지는 아들의 몸에서 떠나가기를 싫어하고 있는게 분명하게 느껴졌기 때문이었다.

아니다 다를까, 다음 날 아침 목욕탕에서 돌아오니까 아내가,

"오늘 아침에 제령하시기로 약속된 손님에게서 전화가 걸려왔어요. 어젯밤 교통사고를 당해서 아침에는 올 수 없고, 낮에 들르시겠다는군요."

"그래 본인이 다쳤답니까?"

"그런 것은 아니고요, 자기 차를 운전하고 가다가 인사 사고를 낸 모양이예요."

필자는 생각하기를 이것은 분명히 빙의된 아버지가 제령당하지 않으려고 일으킨 일이라고 단정하지 않을 수 없었다.

어떻든 제령하는 시간을 피하기 위해서 일으킨 사고일테니까 아주 경상(輕傷)이리라는 판단을 내렸는데, 결국 필자의 판단이 옳음이 곧 확인되었다.

외아들로 어려서부터 자기 뜻대로 살아 온 사람이라 이 환자는 참을성이 없는 성품이었다. 늦게 오고도 앞서 온 사람을 제쳐놓고 시술을 해 달라고 떼를 쓰는 성미였다.

틀림없이 제령이 안되는 시간을 골라 찾아와서 제령을 해 달라고 고집을 부릴 것이라는 생각이 들었다.

제령이란 필자 혼자의 힘으로 되는게 아니고 여러 보호령들의 협조 없이는 불가능한 작업이다.

'영사'를 하고 빙의령을 설득해서 피해자의 몸 바깥으로 나가게 하는 것은 필자의 일이지만 유계(幽界)로 그들을 데려가는 것은 보호령들이 맡은 일이기 때문이다.

시술실에 앉아서 이 환자에게 빙의된 빙의령을 영파(靈波)로 동조를 해 보니, 그 노인이 여간 교활한 성품이 아님을 알 수가 있었다.

(제깟놈이 나를 쫓아내. 어림도 없지! 낮에 가서 아들에게 어거지를 쓰게 해서 제령 안될 시간에 제령을 강요하면 보호령들이 데리러 오지 않을게고 그러면 아들은 그를 믿지 않게 될게고 나는 여기 있는 거다!)

참으로 딱한 일이 아닐 수 없었다.

이런 경우, 좋은 방법이란 오직 하나 밖에 없다. 필자는 환자의 영파의 파장(波長)에 동조해서 강력하게 텔레파시를 송신했다.

(지금 가 보아야 제령은 안해 줄테니까 내일 아침 가는 수밖에 없겠구나!)

환자의 입장이 되어서 환자가 생각하듯 생각하면 환자는

자기 생각으로 받아들여지게 마련이다.

벌써 여러 해째 시험해서 성공을 거둔 방법이다. 필자의 방법이 성공을 거두어 그는 온다는 시간에 오지 않고 다음 날 아침 필자를 찾아 왔다.

제령을 하는 순간 환자의 얼굴에 다시 한번 변모현상[얼굴 모습이 바뀌는 현상]이 일어났다. 노인의 얼굴로 모습이 바뀌더니 두 눈에서 굵은 눈물이 두줄기 흘러 내렸다.

"선생님 말씀대로 분명히 아버지의 영혼이 저에게 깃들어 계셨던 모양입니다. '나는 가나. 잘 있어라'하는 아버님의 음성이 들리는 듯 하더니 왈칵 슬픈 생각이 들면서 눈물이 나지 뭡니까?"

하고 환자는 고백했다. 그는 완전한 무신론자(無神論者)였었는데 이 일을 계기로 유신론자가 되었노라는 이야기도 잊지 않았다.

다음 날 아침 필자의 연구원을 찾아 온 환자는,

"이제는 거의 당이 나오지를 않는군요. 눈 뜨는 순간 아버님의 모습도 안보이는 것을 보면 아주 가신게 분명합니다."

하고 기뻐했다.

그는 날이 갈수록 병색(病色)이 사라지고 젊어지는 듯 했다. 전날의 노인과 같은 찌든 인상이 말끔이 가신 것이었다. 그뒤 여러 날 계속해서 물어보았지만 아침에 자리에서 눈 뜨는 순간 보이던 작고한 부친의 모습이 이제는 안보인다고 했다. 요즘에는 통 모습을 볼 수 없는 것을 보니 건강이 좋아진게 분명했다.

〈복이 있으면 살아서 만나 구원을 얻을 것이오. 복이 없으면 죽어서 만나리라!〉

어떤 잠언에서나 나올 듯 싶은 말이 아닌가 생각해 본다.

2. 심장에 구멍이 뚫린 소년

심장에 구멍 뚫린 환자의 이야기는 〈심령과학 시리즈〉 8권째인 《악령을 쫓는 비법》에서 적은 일이 있다고 기억이 되는데, 이번에는 필자가 직접 경험한 이야기를 소개해 볼까 한다.

15, 6년전 일이 아니었던가 싶다.

하루는 아들의 심장에 구멍이 뚫려 있다는 어머니가 그의 아들을 데리고 필자를 찾아온 일이 있었다.

"병원에서의 이야기인데, 어린 아이는 누구나 태어날 때 심장에 구멍이 뚫려 있지만 생후 6개월에서 1년 사이에 다 막히게 된다고 하더군요. 그런데 이 아이는 여섯살이 되도록 그 구멍이 막히지 않아요. 감기만 들면 폐렴을 앓게 됩니다. 그러던 중에 제가 선생님의 《악령을 쫓는 비법》이란 책을 읽고 찾아오게 된겁니다."

"혹시 그 아드님 출산 직전에 큰 충격을 받은 일이 없었던가요?"

"네, 있습니다. 이 아이를 낳기 전에 월남전(越南戰)에 참전하고 있던 남편이 전사(戰死)했다는 소식을 듣고 기절을 했었죠. 적이 던진 수류탄을 당신의 몸으로 덮고 부하들을 구출하고 돌아가셨거든요."

필자는 언젠가 신문에 보도된 어느 소령의 부인임을 그제서야 알 수가 있었다. 그러고 보니, 이 아이에게는 전사한 남편의 영혼이 빙의되어 있는게 분명했다. 진동수를 마시게 하고 체질개선 시술을 며칠 동안 한 끝에 제령을 했다.

제령하던 날 아침이다.

"이 아이가 어제 밤에는 이상한 행동을 했어요. 평소때는 아침까지 자는 아이가 갑자기 밤중 2시쯤에 깨어 제 품을 파고 들면서 '엄마 나 내일이면 죽을 것 같아'하면서 슬프게 우는게 아니겠어요."

"그것은 아드님의 생각이 아닙니다. 돌아가신 남편의 빙의된 영혼이 아드님 입을 통해서 한 이야기입니다. 벌써 영혼은 아들의 몸에서 떠나야 한다는 것을 알고 있습니다. 불안해서 한 이야기죠."

하고 필자는 설명해 주었다.

이날 예정대로 제령은 성공적으로 끝났다.

"이제 진동수나 열심히 마시게 하십시오. 차차 좋아질겁니다."

하고 보냈는데, 그뒤 2년이 넘도록 아무 소식이 없다가 바로 며칠 전에 이 부인이 친구 한분과 그의 아들과 함께 필자의 집을 찾아 왔다.

"아무래도 믿어지지가 않아서 세브란스 병원에서 심장수술을 받으려고 입원을 시켰는데, 정밀 검사의 결과는 수술할 필요가 없다는 것이었어요. 아직 완전히 막히지는 않았지만 바늘 구멍 정도니까 저절로 막힐 것이라면서 심장약을 전에 먹였느냐고 하더군요."

"그래서요."

"저는 아무런 약도 먹이지 않았다고 했더니 별 이상한 일도 다 있다고 하더군요. 그래서 그 이야기를 주위에서 했더니 이 분이 그 소식을 전해 듣고 저를 찾아 오셨군요. 이분 아드님도 같은 증상이라는 거예요."

하고 아들을 안고 온 부인을 소개했다.

"아드님을 낳기 전 막달에 큰 충격을 받으신 적이 없습니까?"

"네, 있습니다. 8개월째 되던 달에 남편과 크게 다툰 일이 있었습니다. 남편이 처음으로 저를 때려서 아주 큰 충격을 받은 일이 있습니다."

"제가 보기에는 그것이 원인인 것 같습니다. 임신 말기에 큰 충격을 받으면 태아(胎兒)에게 즉시 영향이 가게 마련입니다. 뇌성마비 어린이도 임신 말기에 모체가 받은 충격이 원인이 되는 수가 많습니다."

"영혼이 빙의된 것은 아닌가요?"

"글쎄 지금 보아서는 잘 모르겠습니다. 하여튼 진동수를 백일 가량 마시게 한 뒤에 다시 데리고 오십시오."

하고 필자는 이들을 돌려보냈다.

옛날 사람들이 강조한 태교(胎敎)에 대해서 우리는 좀 더 깊은 관심을 가질 필요가 있다고 필자는 생각한다.

3. 영장(靈障)과 당뇨병 환자들

일반적으로 당뇨병이란 완치가 어려운 병으로 알고 있는데, 필자는 최근에 중증(重症)에 걸려서 고생하고 있는 당뇨병 환자들을 완전히 고쳐준 일이 있다.

필자의 경험에 따르면 당뇨병은 대체로 정신적으로 인색한 사람들, 타인(他人)의 호의를 순수하게 받아들이지 못하는 사람들, 이를테면 가족들의 애정을 마땅히 받아들여야 하는데도 그것을 완강히 거부할 때 몸에서 당분을 받아들이는 것을 거부하는 증세가 생겨서 당뇨병이 생기는 경우가 많음을 깨달은 바가 있다.

정신적으로 몹시 인색하던 사람이 당뇨병 발병과 더불어 심경에 큰 변화가 일어나서 너그러워진 것만으로 병이 좋아진 예도 있으니까 말이다.

그러나 또 한가지 중요한 사실은 영혼이 빙의되어도 당뇨병이 생긴다는 것을 필자는 여러 번 직접적으로 체험한 바가 있는 것이다.

당뇨병은 대체로 욕망이 강한 사람들, 쾌락주의자들에게 많은 병이기 때문에 속칭 부자병이라는 말까지 있을 정도이고, 췌장을 혹사하는 데서 생기는 것이라고 할 수 있는데, 영혼이 빙의되면 생명 에너지가 부족해지고 유독 가스 발생이

증가하기 때문에 이같은 증상이 일어나는게 아닌가 한다.

병발증으로서 만성 간장염을 일으킨 사람과 폐결핵이 악화되는 사람들을 많이 보았는데, 이같은 예를 두가지 소개해 볼까 한다.

첫번째 경우

이분은 서울 시내 번화가에서 금은방을 운영하고 계신 분인데, 병발증으로 결핵을 앓고 있는 비교적 중증인 당뇨병 환자였다.

필자가 저술한 《악령을 쫓는 비버》을 읽고 찾아 왔노라고 했다.

영사를 해 보니 처녀로서 자살한 영혼이 이분에게 빙의되어 있는게 드러났다.

"혹시 주위에 한 십여년 전 쯤, 자살한 사람이 없었나요? 생전에 선생과도 잘 아는 사이이고, 어느 면에서 선생을 많이 의지해온 처녀 같은데요."

그는 잠시 생각에 잠기더니,

"네, 있습니다. 제가 전세들어 있는 빌딩의 주인 딸이 처녀로서 사업을 하다가 실패를 한 것을 비관하고 자살한 일이 있습니다. 생전에는 저를 큰 오빠처럼 따랐었죠. 장례 때도 제가 나서서 전부 일을 보아 주었어요. 저는 그 애를 도와주었는데 어째서 저에게 빙의가 되었을까요?"

도와주었기에 의지해서 들어온게 분명합니다. 자살을 하면 세상만사를 잊게 되는 줄 알았는데 실제로 죽어보니 그렇지가 않았고, 그래 당황한 결과 선생에게 들어온 겁니다."

"그러고 보니 요즘도 그 처녀의 꿈을 자주 꿉니다."

하고 그는 필자의 이야기를 비교적 쉽게 받아들여 주었다.

제령하던 날은 예상했던대로 그의 두 눈에서는 눈물이 두 줄기 굵게 흘러 내렸다.

그뒤 결과는 거의 기적이라고 할 정도로 좋았다. 불과 며칠이 지나지 않아서 그는 완쾌한 몸이 되었다. 영혼이 빙의되어서 생긴 당뇨병은 영혼 이탈과 동시에 거의 완쾌됨을 보여준 좋은 예라고 생각된다.

두번째 경우

이 분은 석호정(石虎亭) 활터의 총무인 이효재라는 분인데 사냥을 많이 한 경력을 가진 분이었다. 처음에 찾아 왔을 때는 굉장히 중증이어서 활도 제대로 쏘지 못하게 된 상태였다.

진동수를 최소한도 한달은 마신 뒤 오라고 하고, 녹음 테이프를 주어서 돌려 보냈다. 그런데 진동수를 복용한 지 보름쯤 되어서 이효재씨가 다시 필자를 찾아왔다.

진동수를 마시기 시작하자 난데없이 허리에 통증이 오고 도저히 견딜 수가 없어 찾아왔노라고 했다. 직접 체질개선의 시술을 해 달라는 것이었다.

"췌장으로 들어가는 신경에서 부분적으로 마비가 되었던 것이 해소되면서 나타나는 현상입니다. 마취하고 수술한 후, 마취가 깰 때 일어나는 현상과 비슷합니다. 제대로 반응이 나타난 것이니까 좋은 현상입니다. 한달을 채우고 오세요."

하고 필자는 그를 그냥 돌려 보냈다. 돌아갈 때 그의 표정을 보니 필자를 몹시 원망하는 태도였다.

한달의 기간이 지나자 그가 다시 필자를 찾아 왔다.

"그래 진동수를 마셔서 반응이 어떻던가요?"

하는 필자의 질문에 그는 고개를 설래설래 저었다.

"진동수를 마신지 일주일쯤 지나니까 허리가 못견디게 아팠습니다. 열흘가량 그런 증상이 계속되어서 이거 안되겠다고 중단을 하려다가 반응이 나타난 것을 보면 희망이 있지 않겠느냐는 생각이 들었습니다. 선생님이 시술을 안해 줄 때, 몹시 원망스러웠고 다시는 오지 않겠다는 생각도 들었으나 나름대로 거기에는 그만한 이유가 있거니 하고 참았습니다. 이제는 허리 아픈 것도 어느 정도 가라 앉았습니다."

"저를 원망하는 심정은 충분히 이해합니다만 저는 수천명의 시술을 통해서 얻은 지식을 바탕으로 해야지 눈 앞의 얄팍한 인정(人情)에 좌우될 수 없다는 것을 이해해 주시기 바랍니다. 인정에 사로잡혀 원칙을 어겼을 때는 언제든지 그 결과가 좋지 않았습니다. 그리고 또 한가지, 저는 의사가 아닙니다. 병을 치료해 드리는게 아닙니다. 각종 공해물질(公害物質)로 오염된 체액(體液)을 바로잡아 주고 체질을 개선시켜 주는 시술을 함으로써 스스로 병이 없어지는 것입니다. 잘못된 신경회로를 바로 잡아주고 홀몬 분비를 정상화 시켜주는 것이죠. 하여튼 실망하지 않고 다시 찾아와 주어서 고맙군요."

하고 필자는 웃었다.

"뭘요. 제 병을 고치고 싶은 욕망 때문이죠."

"아하, 병을 고치시는게 아니라 체질개선입니다."

하고 필자는 다시 한번 강조하는 것을 잊지 않았다.

그는 3일 동안 시술을 받았고, 나흘째는 제령을 했는데, 제령시키는 순간 그의 두 눈에서는 눈물이 주르르 흘러내렸다.

"이상한 일이군요. 30여년 전, 17세에 죽은 여동생의 모습이 갑자기 눈 앞에 떠오르면서 와락 슬픈 생각이 드는군요."

"그 동생의 영혼이 빙의되어 있다가 떠난 겁니다."

그밖에 그가 사냥에서 죽인 많은 동물들의 영혼도 함께 이탈했음은 물론이다.

제령한 다음에 꼭 한번 시술했을 뿐인데도 그는 고질이던 당뇨병에서 완전히 해방되었고, 여러가지 시험결과도 완전히 정상이었다고 한다.

소변은 물론이고 혈당 검사도 정상이었다고 한다.

"나중에 찾아오실 사람들을 위해서 한마디 증언을 해 주십시오."

하는 필자의 청을 쾌히 승낙해서 그는 간증도 해 주었다.

"이렇게 고도로 발달된 세상에 무슨 영이 있는가 해서 처음에는 믿지를 않았는데 시키는 대로 제령을 했습니다."

라고 하는 그의 증언은 퍽 인상적인 것이 아닐 수 없다고 생각한다.

4. 이차돈의 재생(再生)

한참 자라야 할 나이에 밤낮없이 공부만 해야 하는 스트레스를 이기지 못해 발생하는 각종 노이로제——이것은 요즘 젊은이에게서 흔히 찾아볼 수 있는 질병이다.

이같은 노이로제 증상은 중학교 졸업반이나 고등학교 졸업반 또는 대학에 입학하면서 발생하는 경우가 많다는 것도 공통된 특징이다.

정신병은 잘 알려진 바와 같이 분열증과 우울증 두가지로 크게 나눌 수 있는데, 우울증보다는 분열증이 심한 환자들이 더 많이 필자의 손을 거쳐 갔고, 또 그들 대부분은 영혼의 빙의때문에 일어나는 현상이라는 것도 공통된 특징이었다.

완치가 되지 않아 노상 병원을 들락거린 많은 환자들도 필자의 손을 거쳐서 쾌유된 예가 많지만, 그 중에는 결과적으로 불치로 끝난 분도 더러는 없지 않았다.

한 두사람의 영혼이 빙의된 것은 대개가 제령되지만 동물령이나 기타 저급령들이 집단적으로 빙의된 경우는 쉽게 해결되는 것이 아니다.

필자가 경험한 바에 의하면 최고로 한사람에게만 120명 까지 빙의된 경우를 보았다. 집단령이 빙의된 아주 심한 환자가 쾌유된 하나의 특이한 예를 이제부터 이야기해 볼까 한다.

어느 날, 한 부인이 심한 노이로제(사실은 분열증이었음)를 앓고 있는 아들의 사진을 갖고 필자를 찾아온 일이 있었다. 사진을 보고 영사를 해보니 뜻밖에도 쉽게 알 수가 있었다.

"어려서 혹시 바닷가에 이웃집의 여자 애와 함께 놀러갔다가 그 애가 익사한 일이 없었나요?"

"네, 있습니다. 저희는 거제도에 피난을 갔었는데, 그때 그런 일이 있었습니다."

"수험 공부를 한다고 절에 가서 있었던 일은 없었나요?"

"네, 있습니다."

"그때 절에서 이상한 일을 경험하지 않았던가요?"

"있습니다. 밤에 자려고 누워 있는데 웬 젊은 여자가 난데없이 나타나서 목을 조르는 환상(幻想)을 보고 소동을 피운 일이 있었습니다."

"그때부터 정신이 좀 약해지기 시작한게 아니었을까요."

부인은 잠시 생각에 잠겨 있더니 그런것 같다고 시인했다.

"아드님에게는 그때 어려서 익사한 계집아이를 비롯해서 많은 여자들의 영혼이 빙의되어 있는게 분명합니다. 사진을 두고 가시고 진동수를 정성껏 최소한 한달동안 마시게 한 뒤에 데리고 오십시오. 참 그리고 아드님의 전생은 신라시대에 살았던 이차돈 같습니다."

"이차돈이라뇨! 그럴리가!"

"이차돈은 불교를 위해서 순교한 분입니다. 그 분이 순교하면서 이적(異蹟)을 나타냈기 때문에 신라에서 불교가 부흥됐다는 이야기가 있습니다만, 아드님은 이 병에서 쾌유하므로서 새로운 심령과학 시대를 열어주는 하나의 작은 길잡이가 될 것입니다. 보통은 사진을 보고 전생을 알아내기가 어려운 일입니다만 아드님의 보호령이 협조를 잘 해 주어서 알게 된 것입니다."

라고 필자는 이야기했다.

그 이후로, 환자의 어머니에게서 몇번 전화가 걸려 왔다.

몸이 가려워졌다는 이야기, 수면제를 다량 복용한 것처럼 잠만 잔다는 둥, 진동수를 복용시킨 결과는 아주 좋은 편이었다. 진동수를 마시기 시작한 지 한달이 되던 날, 이들 모자가 필자의 연구원을 찾아왔다. 얼른 보기에도 6척에 가까운 건장한 체격의 젊은이었다.

시술을 받자, 그 자리에서 변화가 나타났다. 검던 얼굴이 하얗게 변한 것이었다. 기분이 어떠냐고 물으니까 날아갈 듯이 몸이 가벼워진 것 같다고 했다.

"경과가 아주 좋은 편이라구요. 그럼 사흘쯤 시술을 받고 제령하도록 합시다."

하고 이날은 그대로 돌려보냈다.

젊은이는 그뒤 며칠 동안 시술을 받으러 왔었는데 제령할 날이 가까워지니까 공연이 까닭없이 눈물이 나고 슬퍼진다고 했다.

"오랫동안 정든 몸을 떠날 생각을 하고 빙의령들이 느끼는 감정이 반응을 일으킨 겁니다."

하고 필자는 설명했다.

제령하던 날이었다. 이 세상에 태어난 후, 성장하던 중에 빙의된 영혼들은 비교적 쉽게 이탈하지만, 전생(前生)의 업장(業障) 때문에 달라붙은 인연영들은 쉽사리 이탈하려고 하지 않았다.

이차돈에게도 그를 사모하던 많은 여인들이 있었다. 그 여인들의 영혼이 문제였다.

"자아 내 이야기를 잘 들어야 합니다. 지금 이 젊은이는 이차돈의 영혼이 재생한 것은 분명하지만, 어디까지나 이차돈 자체는 아닙니다. 여러분은 수십명이지만 이 젊은이는 몸이 하나입니다. 여러분들은 지금 내가 시키는 대로 보호령의 안내를 받아서 저승으로 돌아가야 합니다. 세월이 흐르다 보면 언젠가는 이 젊은이도 저승으로 가는 날이 옵니다. 그리고 다시 이승으로 돌아올 때야 분령(分靈)도 할 수가 있습니다.

그러면 아득한 옛날에 이루지 못한 소망을 여러분은 이룰 수가 있게 될 것입니다. 여러분은 저마다 이차돈이 재생된 사람과 짝을 짓게 될 것입니다."

필자가 이 말을 한 순간이었다.

여지껏 얌전하게 앉아 있던 환자가 갑자기 고래고래 소리를 지르기 시작했다.

"야 이년들아, 나는 몸이 하나란 말이다. 너희들 전부의 낭군이 될 수는 없지 않아. 어서 나가라구. 뭣이 정들어서 못가겠다구!"

그는 허공을 향해 발길질을 했다. 눈 앞에 놓여있던 옷장의 유리창을 발로 걷어차서 유리가 산산 조각이 났다. 필자도 등을 발로 채였다. 그가 소리를 지르면서 발길질을 할 때마다 형용키 어려운 악취가 방안에 가득 풍기곤 했다.

머리카락 타는 냄새 같기도 했고 썩은 송장 냄새 같기도 했다. 대기실에 앉아 있던 다른 환자들이 모두 대피소동을 벌였다.

정신을 차려보니 유리를 걷어찬 그의 한쪽 발에서 시커먼 피가 한없이 흘러나오고 있었다. 필자는 이럴 때 일수록 마음을 차분히 해야 한다고 생각하면서 그를 지켜보기만 했다. 가만이 보니 환자는 스스로가 제령을 하고 있었다.

그뒤 이틀동안이나 그는 자기 집에서도 스스로 빙의령을 제령시켰다고 한다.

"처음에는 썩은 냄새가 나더니 나중에는 향내가 나더군요."

하고 여러 날만에 필자를 찾아와서 보고하는 그의 얼굴은 밝기 그지 없었다.

10여년 동안 고질이었던 심한 분렬증 증세에서 그는 완전히 해방되었고, 지금은 졸업반인 N약대의 충실한 학생으로서 의욕적인 시간을 보내고 있다고 한다.

"그날 이후로 완전히 인격이 바뀌었습니다. 저희도 사실은 무신론자였었는데 이번에 완전히 깨달았습니다. 정말 감사합니다."

이것은 그의 어머니가 필자에게 들려준 말이다.

5. 어느 선주(船主)의 재생

지난 해 늦은 가을이었다.

전북 전주에서 올라왔다는 한 중년 신사가 필자의 연구원을 찾아온 일이 있었다.

당뇨병과 병발증으로 일어난 신경통을 앓고 있는 환자였다. 필자에게서 옴 진동 테이프를 구해가서 50일 동안 진동수를 복용했더니 신경통 증세는 많이 없어지고 변비는 깨끗이 없어졌으나 아직도 당뇨병 기운이 그대로 있어서 찾아왔노라고 했다.

"병도 병이지만 저는 도대체 무슨 일이고 제대로 성사를 시켜본 일이 없습니다. 무슨 까닭일까. 영사를 한번 해주실 수 없을까요?"

하고 부탁을 했지만 어떻게 된 영문인지 눈 앞에 짙은 안개가 낀것 같아 통 알 수가 없었다.

필자는 사실대로 이야기를 하고,

"아무래도 선생의 보호령들이 협조를 해 주지 않는군요. 좀 더 진동수를 마시고 열흘에 한번씩 오셔서 시술을 받도록 하세요."

하면서 그날은 시술만 하고 돌려 보냈다. 그뒤로 몇번 시술을 했으나 결과는 과히 신통치가 않았다.

아무래도 영혼이 빙의되어 있는 것 같았다. 그래 날자를 받아서 영사를 하고 제령도 하기로 했다.

제령을 하려고 그의 앞에 앉으니 갑자기 눈 앞에 짙게 드리웠던 안개가 거치면서 그의 전생(前生)에 있었던 일들이 선명하게 떠올라 왔다.

대한제국 말에 목포에 부자 선주(船主)로서 강오복(姜五福)이라는 사람이 있었다.

3대째 내려오는 외아들이어서 부모가 오복을 갖춘 인물이 되라고 오복이라는 이름을 지어 주었으나 그는 천성이 매우 인색한 사람이었다. 그래서 그의 배 선원들은 불평들이 많았었다.

을사년 4월 7일, 그의 어선 한척이 거제도 앞 바다에서 풍랑을 만나 침몰을 한 일이 있었는데 그 어선에는 표팔푼(55세), 그의 아들 순돌이(35세), 손자 명수(15세) 세 사람이 타고 있었는데 모두 익사했다.

하루 아침에 할아버지에서 손자까지 모조리 잃어버린 표씨네 집안은 완전히 망한 것이나 다름없었다. 그러나 선주인 강오복은 자기 어선 잃어버린 것만 애석하게 여겼을 뿐 이들 유족들에게 대해서 제대로 보상도 해 주지 않았다.

"선생은 전생에서 이를테면 많은 노임을 착취했던 것입니다. 그러기 때문에 마땅히 지불했어야 할 그 돈 만큼 선생은 손재수가 따르게 마련입니다. 남에게 줄 것은 주어야지 안준다고 그 돈이 내것이 되는 것이 아닙니다. 이승에서가 아니면 다음 세상에 태어나서라도 어떠한 형태로든 나가게 마련인 것입니다."

"알았습니다. 선생님 말씀을 명심해서 살겠습니다."

"그때 수장된 사람들이 그뒤 바다고기로 재생(再生)했는데 공교롭게도 그 고기를 선생이 먹고 빙의가 된 것이 분명합니다.”

이날 제령할 때 그의 몸에서는 생긴 비린내가 진동했다.

필자의 영사 결과를 뒷받침 해주는 뚜렷한 현상이 아닌가 싶었다.

6. 돌아온 무학대사

필자가 저술한 《악령을 쫓는 비법》과 《심령치료》에는 인간의 윤회전생(輪廻轉生)하는 이야기가 많이 실려 있기 때문인지 불교 신자들이 비교적 많이 찾아 오곤 한다.

그중에는 오랫동안 승려 생활을 해온 분들도 많았었다.

모두가 한결같이 궁금해 하는 것은 자기의 전생(前生)이 누구였었는지 알려 달라는 것이었다.

"전생을 함부로 이야기 한다는 것은 일종의 천기누설[하늘의 비밀을 누설한다는 뜻] 입니다. 전생을 꼭 알아야 될 사람에 한해서 본인의 보호령의 협조로 알게 되는 것입니다. 관상보듯이 알수 있는게 아닙니다."

이것은 필자가 거의 매일 같이 되풀이 하고 있는 이야기다.

지난해 가을 인품 좋은 노장님 한분이 필자를 찾아온 일이 있었다. 그는 우리나라 불교세계에서는 상당히 이름이 알려진 분인듯 싶었다.

"부끄러움을 무릅쓰고 한마디 여쭈어 보겠습니다. 저는 전생이 누구였었나요. 남들은 저보고 도를 많이 닦은 승려로 대우들을 합니다만 번민이 많습니다. 아직도 견성(見性)을 하지 못했다고 생각됩니다."

하면서 칠순이 넘은 그는 아들뻘이 되는 필자 앞에서 깎듯이 스승 대우를 했다. 겸손하기 이를데 없었다.

설익은 돌중들이 필자 앞에 와서 교만을 피우는데 비하면 솔직할 수 있는 그의 겸손한 자세 자체가 상당한 경지에 있음을 보여 주었다.

필자는 그의 영파에 동조를 했다.

그 순간 한폭의 그림이 떠올랐다.

"왕십리라는 지명(地名)은 누가 지은 것이죠?"

"무학대사죠."

"바로 맞았습니다. 스님은 바로 무학대사이십니다."

"네, 그럴리가 있나요. 무학대사는 이태조(李太祖)를 도와서 이조 건국에 큰 공(功)을 세운 도승(道僧)이 아닙니까?"

"조금만 더 기다리면 고려의 국운이 다하게 되어 있었는데, 무학대사는 이태조를 충동시켜서 칼로서 고려 왕조를 쓸어뜨리게 했습니다. 신하로 하여금 임금을 시역하게 한 것은 분명히 큰 죄였죠. 그때문에 이씨 왕조는 개국 초부터 피에 피를 씻는 참극의 계속이었죠. 이태조 자신도 아들인 방원에게 쫓겨난 것이나 다름 없고, 그 뒤 단종 때 일어난 일이라든가……."

"알았습니다."

"무학대사는 자신의 초능력을 좋게 사용한게 아니었어요. 그 때문에 다시 태어나야만 했고, 또 전생에서의 능력을 모두 잃어버려야만 했던 것입니다."

"잘 알겠습니다."

"그러니까 스님은 진동수를 복용하셔서 몸을 깨끗이 하고 국가와 민족이 큰 화난이 없도록 항상 기도하는 생활을 하셔야 합니다. 당신 자신이 견성을 해서 성불(成佛)하겠다는 생각은 버리시고 나라와 민족을 위해서 항상 기도하십시오. 그것이야말로 스님이 견성하여 성불이 되는 길이지, 다른 길이 있는게 아닙니다. '행하되 행하지 않음과 같고 행하지 안되 행함과 같도다'라는 이야기를 그대로 실천에 옮기시라는 뜻입니다.

지극한 정성없이 행함은 행하지 않음과 같고, 지극한 정성으로 염력(念力)을 다해서 기도를 드리는 생활은 남이 보기에는 아무 일도 하지 않는 것 같으면서 큰 일을 하고 있는 것이나 다름없는 것입니다.

당신 자신이 전생에서 누구였으며, 전생에서 이룬 일 때문에 국가와 민족이 큰 고난을 겪었던 이치를 깨달으셨다면 그것만으로도 큰 성과라 하지 않을 수 없고, 이번 세상에서 무학대사의 경지까지 이르기만 하면 그것으로 만족하실줄 알아야 됩니다. 죄송합니다. 부처님께 설법을 한 셈이군요."

하고 필자는 크게 웃었다.

전생에서 큰 사람이었다고 해서 후생에서도 반드시 큰 사람이 되는 것은 아니라는 우주의 법칙을 보여준 하나의 좋은 예가 아닌가 한다.

7. 자살하려는 사람들

아무리 생각해 보아도 자살할 만한 이유가 전혀 없는 사람이 병적(病的)으로 자살 충동에 사로잡혀 실행에 옮기는 경우가 있다.

성공할 경우에는 이미 죽은 뒤니까 그것으로 끝나는 셈이지만, 성공을 거두지 못했을 경우에는 골병이 들기만 하고 주위 가족들에게 주는 고통은 크다.

그동안 필자의 연구원을 거쳐 간 사람들 가운데는 이런 자살 미수자가 상당수에 이른다.

대부분의 경우, 이들은 앞서 자살해 죽은 영혼들이 빙의되어 일어나는 현상들이었고, 그 빙의령들을 제령하니까 '자살 충동'이 거짓말처럼 사라져 버린 경우가 많았었다.

그런 이야기들을 이제부터 몇가지 소개해 볼까 한다.

첫번째 경우

이것은 비교적 최근에 있었던 일이다. 대학에 다니는 예쁘장한 따님을 데리고 한 중년부인이 필자를 찾아온 일이 있었다. 남편은 육군대령이었는데 고혈압으로 어느날 갑자기 유언 한마디 남기지 못하고 세상을 등지고 말았다고 했다.

지금 스물 두살된 따님이 네살 때였다니까 벌써 20년 가까운 옛일인 셈이다. 한때는 졸지에 주인을 잃고 당황했었지만 부인이 워낙 수완이 좋은 분이어서 여자 혼자의 손으로 여러 아이들을 별탈 없이 키우면서 어느덧 사업가로서의 지반을 굳히게 되었노라고 했다.

그런데 이 부인에게는 남모르는 한가지 고민이 있었다. 막내 딸의 이유없는 자살충동이었다.

"나는 살 필요가 없는 인생이야. 죽어야해."

하는 말을 입버릇처럼 되풀이 할 뿐만 아니라 그동안 여러번에 걸쳐서 자살소동을 일으키곤 했다는 이야기였다. 애인이 있어서 버림을 받은 것도 아니고 죽어야 할 아무런 이유가 없다는 것이었다. 마치 죽음 너머 저 세상이 아름다운 곳이어서 그곳에 가기가 소망인 것 같은 태도라는 것이었다.

몇번 자살소동을 일으켰으나 그때마다 빨리 발견이 되어 손을 썼으니까 살아났지, 그렇지 않으면 벌써 저 세상에 갔을 것이라고 했다. 그중 한번은 무좀약을 마셔서 큰 소동을 일으킨 일도 있었다고 했다. 그 뒤로는 위장이 아주 형편없이 나빠졌다는 이야기였다.

필자가 보니 수준이 넘는 미인에 속하는 처녀였었다. 그런데 이상한 일이었다. 필자의 시술실 안에 들어오자 그녀는 갑자기 얼굴이 하얗게 질리면서 와들와들 떨기 시작하는 것이었고 필자로부터 자꾸 시선을 피하려고만 했다.

"아무래도 영혼이 빙의된 것 같습니다."

하고 필자는 이야기하지 않을 수 없었다.

"여기 앉아 보세요. 한번 시험을 해 봅시다."

필자는 그녀를 앉게 한 뒤, 두 손가락으로 그녀의 두 눈을 누르면서 옴 진동을 일으켰다.

그랬더니 그녀는 갑자기 신음 소리를 내면서 공포에 질린 표정을 짓는게 아닌가!

"무엇이 보이죠!"

"남자의 얼굴이 보여요! 수염이 많이 난 얼굴이예요."

"어디 한번 다시 해 봅시다."

필자는 정신을 집중시켜 옴 진동을 다시 일으켰다.

몇번 되풀이 해 보아도 결과는 마찬가지였다.

옆에서 지켜보던 어머니가 한마디 했다.

"돌아가신 이애 아버지인게 분명합니다. 그이는 얼굴에 수염이 많았어요. 네살 때 헤어진 아버지니까 얼굴을 분명히 기억할 수가 없을 거예요."

그러자 딸이 이런 이야기를 했다.

몇해 전 일이었다고 한다.

그때만 해도 자살충동 따위는 일으킨 일이 없는 오직 공부에만 열중하고 있던 여학생이었다고 했다. 하루는 꿈을 꾸니까, 웬 낯선 초라하게 차린 중년남자가 나타나서 배가 고프다고 밥을 달라고 했다는 것이었다.

그런 꿈을 꾼지 며칠이 지난 뒤 밤이었다. 이번에는 전번의 꿈 속에 나타났던 남자가 아버지라고 하면서 자기 어머니에게 자기는 외로워서 혼자는 못살겠으니 이 아이를 데려가야겠다고 하더라는 것이었다. 꿈 속에서도 어머니는 다 키워 놓은 자식을 데려갈 수는 없다고 화를 내면서 싸우더라는 것이었다.

그 다음날 일이었다. 학교에서 돌아온 그녀가 약선반을 보니 박카스병이 놓여 있어 뚜껑을 열고 마셨는데 입안에 들어가니 맛이 박카스 같지가 않았다고 했다. 그래도, 어떻게 된 영문인지 다시 뱉을 생각을 하지 않고 그대로 마시고 보니 손에 든 약병은 박카스병이 아니고 무좀약 렛텔이 붙어 있더라는 것이었다.

분명히 조금 전에 보았을 때는 박카스 약병의 렛텔이 붙어 있었는데 정말 이상한 일이 아닐수 없었노라고 했다. 이것이 그녀가 본의 아니게 일으킨 최초의 자살소동이었고, 그 뒤로는 계속해서 죽고만 싶어진다는 것이었다.

이 처녀는 진동수를 한달간 마신 뒤, 며칠간 시술을 받고 제령을 했는데 제령하는 순간이 오자 몹시 흐느껴 울었다.

"따님에게서 떠나기 전에 무엇인가 할 말이 있으시거든 말씀해 보세요!"

하니까 얼굴이 어머니쪽으로 돌아가면서 말을 할듯 할듯 하다 그치고 말았다. 나중에 들으니까 '여보 애들 잘 부탁하오!'하는 말이 혀 끝까지 나오는 것을 부끄러운 생각이 들어서 간신이 참았노라고 했다.

제령이 끝난 뒤였다.

다시 그녀의 두눈을 눌러 보니, 이번에는 한가운데 환한 빛이 보일뿐 남자의 얼굴은 간 곳이 없다고 했다.

"당신은 오래 전에 육체를 잃은 영혼이고, 지금은 따님의 몸에 빙의되어 있는 것입니다. 보호령을 따라서 저승에 가셔서 앞으로 몇년 동안 수양을 쌓아 정식으로 보호령의 자격을 얻고 돌아오세요!"

하는 필자의 간곡한 청에 못이겨서 그녀 아버지의 영혼은 이탈한게 분명했다. 이 처녀는 앞으로는 자살소동 따위는 일으키지 않을 것으로 확신하는 바이다.

두번째 경우

뇌종양이었는데, 성공적으로 수술이 잘 된 환자가 이상하게 해마다 6월 하순이 되면 자살소동을 일으키는 그런 경우가 있었다. 지난 해에는 한강 인도교에서 모래바닥으로 투신을 했는데 자기도 모르게 저지른 짓이었노라고 했다.

"정신을 차려보니 자갈밭에 피투성이가 되어서 누워 있더군요. 그 높은 곳에서 떨어지고도 어떻게 살았는지 저도 모르겠어요."

하고 그는 탄식했다.

필자가 영사를 해보니 6. 25 사변때 머리에 총상을 맞고 죽은 사촌형이 있는 것 같았다.

"네, 있습니다. 놈들에게 끌려가다가 의정부 근처에서 머리에 총을 맞고 죽은 형님이 있었습니다. 그 형님이 어린 저를 몹시 귀여워해 주었다는 군요."

"그 형님의 영혼이 빙의되는 바람에 뇌종양이 생긴게 아닌가 생각되는군요."

이 환자도 몇달간 진동수를 복용시키고 그 역시 몇번 시술끝에 제령을 시켰더니 그 자살충동이 없어졌다고 한다.

그는 은행원인데 이제는 빨리 몸이 회복되어 다시 직장에 나가게 되기만 손꼽아 기다리게 되었다는 이야기다.

"그 애의 인생관이 이제는 완전히 바뀌었습니다. 전과는 달리 아주 명랑해졌고 오히려 제 처를 위로해 줄 정도가 되었답니다. 모든게 선생님 덕분입니다."

이것은 환자의 어머니가 얼마 전, 필자에게 들려준 이야기이다.

세번째 경우

지난해 가을, 멀리 광주에서 한 가족이 집단으로 필자를 찾아온 일이 있었다. 여러 사람이 호위하듯 에워싸고 들어오는 한가운데에 핏발선 눈의 한 중년부인이 있었다.

그녀를 본 순간 번개같이 떠오른 생각이 있었다.

"댁의 집안 가운데 최근에 자살한 스물 두살된 처녀가 없습니까?"

그러자 그 부인이 대뜸 대답을 했다.

"제 딸이 스물 두살인데 최근에 자살을 했습니다. 제가 공연한 일로 심하게 꾸중을 했더니 그만 죽어버렸지 뭡니까? 나는 그애 뒤를 따라가야 합니다."

하고 울먹이는게 아닌가!

"제가 보기에는 따님은 어머니의 꾸중을 듣고 자살한 것은 아닙니다. 그전부터 계획해 온 자살이었습니다. 적어도 6개월 전에 그 약을 사다 놓고 준비한 겁니다."

"맞습니다. 농약을 구입해 놓은 것이 반년 전이란 것이 밝혀졌습니다."

하고 남편이 한마디 했다.

"따님은 그전부터 정신이 온전치 못했습니다. 집에서는 노이로제로만 생각하셨겠지만 제가 보기에는 빙의령에 의한 분열증 증세가 심했던게 아닌가 합니다. 세상을 미워하고 모든 것을 부정적으로만 생각한게 아니었던가요?"

"맞습니다. 선생님의 말씀이 맞습니다."

하고 남편은 또다시 그것을 시인했다.

두 눈에 핏발이 선 부인은 얼이 빠진 얼굴로 말없이 필자를 바라다 볼 따름이었다.

"제가 지금 영사한 결과를 말씀 드릴테니 잘 들어보세요."

하고 필자는 다음과 같은 이야기를 그들에게 들려 주었다.

서울 필동에 남부럽지 않게 사는 한 가족이 있었다. 아버지는 시장에서 꽤 큰 잡화상을 경영하고 있었고, 아들은 서울 K대학에 입학을 했고, 딸은 N여중 학생이었다.

그런데 아버지가 가장 믿었던 친구의 재정보증인이 되고 나서 돌연 이 집안은 망하게 되었다. 거액의 부도수표를 내고 행방불명이 된 친구 대신, 이집 주인은 하루 아침에 전재산을 날리고 그야말로 집도 절도없는 신세가 되었다. 그러지 않아도 혈압이 높았던 편이었는데 갑자기 받은 충격 때문에 그는 재산이 정리되던 날 졸도를 한채 다시는 소생하지를 못하고 말았다.

5대째 내려오는 외아들 집안이었으므로 의지할만한 가까운 친척이란 전혀 없는 형편이었다.

어머니와 딸은 남의 집 가정부로 들어가고 아들만 어떻게든 K대학을 졸업시키기로 굳게 결심했다. 여학교 3학년이었던 딸은 학교를 그만두던 날, 두눈이 퉁퉁 붓도록 밤을 지새면서 울었다.

법없이도 산다는 착하기만 했던 아버지가 당신의 실수도 아닌 남의 잘못때문에 억울하게 당하고 집안이 망한 것이 끝없이 원망스럽기만 했다. 독실한 기독교 신자였던 그녀는 이 때부터 믿음을 잃게 되었다.

자칫 자포자기되려는 마음을 모질게 먹은 이들 모녀는 모든 자존심을 버리고 남의 집 식모살이를 했다.

한동안 일이 잘 되어가는 것 같았다. 아들은 대학에서 장학금을 탔고 덕분에 두 모녀의 짐은 한결 가벼워졌다. 그러나 아들이 얼마 후에 대망의 졸업을 앞둔 시점에서 두번째 큰 불행이 이 집안을 덮어 눌렀다. 대학 산악회의 회원이었던 아들이 등산 사고로 목숨을 잃은 것이었다.

첫번째 충격은 간신히 이겨냈던 두 모녀였다. 하지 않던 고된 일을 하면서도 언젠가는 식구들이 한데 모일 날만을 꿈꾸어 오던 그들 모녀에게 아들의 변사는 너무나 큰 상처였다.

어머니는 정신 이상이 된 끝에 교통사고로 목숨을 잃었다.

딸은 주인집 아들의 자식을 임신했다가 그집에서 쫓겨나자 공원에 가서 음독자살을 했다. 자살로서 모든 것을 잊고 싶었다. 그러나 죽고 보니 자기가 있었다.

죽은 처녀의 영혼은 당황했다.

그때 이 근처에 산책 나온 여학생들 가운데 외사촌 동생 같은 모습이 보였다.

"애 순자야, 나 좀 도와다오!"

그 순간, 처녀의 영혼은 산책 나왔던 서울의 K여고 여학생(광주에서 온 중년부인의 딸)에게 빙의되었다. 여학생은 까닭없이 정신이 앗질했고 구역질이 마구 나왔다. 이때부터 이 여학생은 자살한 처녀와 같은 성격으로 변해갔다. 얼굴의 인상도 명랑하던 것이 침울한 표정으로 바뀌었다. 공연이 까닭없이 세상을 원망하고 주위에 대해서 반항적인 태도를 보이게 되었다. 그저 눈에 띄는 모든 것이 저주스럽기만 했다.

자살하고 싶다는 충동이 자꾸만 일어났다. 여학생이라면 모두가 동경의 대상인 K여고 학생이라는 것이 하나도 자랑스럽지가 않았다. 주위에 있는 모든 사람들이 한결같이 위선자 같게만 느껴졌다. 여학생답지 않은 그녀의 격렬한 행동은 끝내 학교에서도 문제가 되고 말았다.

"주위 학생들에게 대한 나쁜 영향도 문제지만, 우리가 보기에 댁의 따님은 심한 노이로제 같으니 정신과 전문의의 진단을 받으시고 자퇴시키는데 좋겠습니다."

시골, 광주에서 서울의 명문교인 K여고에 딸을 보내놓고 흐뭇해 하던 부모들로서는 실로 청천벽력의 소식이 아닐 수 없었다.

여러 가지로 간청도 해 보았지만 학교측의 방침은 이미 굳혀진 뒤라, 자퇴를 할 수 밖에 없었다. 시골에 내려와 있게 된 뒤로 그녀는 더욱 반항적인 성격으로 변해가기만 했다. 아무것도 아닌 일에도 집안 식구들과 크게 말다툼을 하기가 예사였다.

"세상에는 하나님도 없고 부처님도 없어. 지옥이 따로 있는게 아냐. 이 세상이 바로 지옥이란 말야. 정의(正義)가 실현되지 않는 곳이 바로 이 세상이야."

이것이 입버릇같이 생전의 그녀가 뇌까리던 말이었다. 몇번에 걸친 실패 끝에, 하루 아침 어머니와 크게 말다툼한 뒤 그녀는 결국 자살하고 말았다.

"아시겠습니까? 댁의 따님은 결국 공원에서 음독 자살한 처녀의 혼이 빙의되어서 그렇게 성격이 변했고 또 급기야는 자살까지 하게 된 것입니다. 그런데 지금 또 어머니가 자살충동에 사로잡혀 있는 것은 앞서 자살한 두 사람의 영혼이 빙의되었기 때문입니다. 아주머니의 본 정신이 아닙니다."

중년부인은 충혈된 두 눈으로 필자를 지켜볼 뿐 아무런 말이 없었다.

"아주머니께서는 죽으면 모든 것을 모르게 되는 것으로 생각하시지만 그렇지가 않습니다. 목숨은 하늘이 주고 하늘이 거두어 가는 것입니다. 죄 가운데 가장 큰 죄의 하나가 하늘이 준 목숨을 자기 마음대로 끊는 것입니다. 그러기에 옛부터 자살한 자는 옳은 귀신이 되지 못한다고 합니다. 죽어도 사람의 영혼은 없어지는 것이 아닙니다. 아니 오히려 또렷또

렷 해진다고나 할까요."

"……"

"그리고 참 아드님이 있으신가요?"

"둘이 있습니다. 아직 한 아들도 성혼(成婚)을 시키지 못한 처지입니다."

하고 남편이 한마디 했다.

"한 집안에서 딸 하나가 자살했다는 것도 큰 흉인데, 뒤따라 어머니마저 자살했다면 누구나 정신병의 내력이 있는 집안으로 보게 되기가 쉽습니다. 옳은 정신을 가진 사람이라면 그런 집안에 딸을 보내려고 하지 않을 것입니다. 어머니마저 자살하면 아드님들은 영 총각 신세를 면키 어려우리라는 생각도 하셔야죠."

"그 생각을 못했군요. 내가 죽으면 아들들 장가 가는 데도 지장이 있을까요?"

"그것을 말씀이라고 하십니까? 지장이 있을 정도가 아니라니까요."

"알았어요."

"그러니까 우선 녹음 태이프를 가져 가셔서 진동수를 만들어 몇달 복용하시고 다시 오십시오. 그때 체질개선 시술도 해드리겠고, 또 제령도 해 드리겠습니다."

"제령이라뇨?"

"빙의된 따님의 영혼을 저 세상으로 편하게 보내야 될게 아니겠어요. 저승으로 가야만 다시 돌아올 수 있는 길이 열리는 것입니다. 아마 모르긴 해도 큰 아드님이 장가 가면 손자나 손녀로 다시 태어나기가 쉬울겁니다. 몇년만 참고 기다리시면 죽은 따님이 다시 태어나는 것을 보실 수가 있을 것입니다."

하고 필자는 이야기를 끝맺었다.

중년 부인은 마침내 필자의 이야기를 납득하고 광주로 돌아갔다. 그뒤 몇달이 지나고 해가 바뀌었건만 그녀에게서는 아무런 소식이 없다. 자살충동도 없어지고 평화스런 가정이 된것 같다.

8. 일어선 앉은뱅이

몇달 전 일이었다. 하루는 다 저녁때가 되어서 나이 지긋한 부인이 필자를 찾아왔다. 시집간 딸이 척추에 이상이 생겨 벌써 반년째 꼼짝 못하고 누워 있는데 체질개선으로 고칠 수가 있겠느냐는 것이었다.

병원에서는 척추수술을 하라고 하지만, 꼭 완치시킬 수 있다는 보장도 없을 뿐더러 사위가 연탄을 배달하는 인부여서 병원 입원비며 수술 비용도 감당하기가 어려운 처지라고 했다.

그 흔한 카셋트 녹음기 조차도 우선 당장은 마련하기가 어렵다고 했다.

"좋습니다. 그러시면 오후 1시에서 4시 사이에 저희 연구원에 전화를 해주시고 '진동 부탁합니다' 하시면 옴 진동을 보내 드리겠습니다. 지난 2년동안 이런 방법으로 수천명의 어려운 사람들이 혜택을 본 바가 있습니다. 물론 비용은 없습니다. 전화만 하시면 됩니다. 미리 주전자에 수도물을 떠 놓으신 뒤 전화를 거시고 수화기에서 흘러나오는 진동음을 물에 쪼이시면 되고 그 진동수를 아침 공복에 꼭 마시면 되는데, 하루에 많이 마실수록 좋습니다. 다만 플라스틱 그릇에 진동수를 넣지는 마십시오. 아마 한달쯤 마시면 허리에 통증이 심해질 것입니다. 이것은 마비가 풀릴 때 나타나는 현상이니까 놀라지 마시고 그때 다시 전화해 주십시오."

이렇게 말한다음 돌려 보냈다.

그뒤 이 부인은 열심히 전화로 진동수를 만들어 마신 모양이었다.

한달쯤 지났을 무렵이었다.

"여보 당신한테 꼭 이야기할게 있다는 군요. 진동수 한달 마셔서 변화가 온 환자랍니다."

하는 아내의 이야기에 수화기를 받아 들었더니 지난 달에 찾아왔던 그 부인이었다.

"말씀대로 요즘 허리에 통증이 심해졌는데 어떻게 할까요?"

"한달만 더 진동수를 복용시키십시오. 한달 뒤에는 일어나 앉을 수는 있게 될테니까 그때 데리고 오십시오."

하고 전화를 끊었다.

다시 한달이 지났다. 매일 같이 분주한 생활을 하고 많은 사람들에게 시달리다 보니 필자는 자연이 이 부인에 대해서 까맣게 잊고 있었다.

그런데 어느 날 아침 한 중년 남자가 부인을 업고 우리 연구원에 들어오는 것을 보니 40여세 쯤 되어 보이는 중년 부인이었다.

(진동수를 한 100일간 마시고 오라고 해야겠군!)

속으로 이렇게 생각하면서 어떻게 찾아오게 되었느냐고 물었다.

"두달동안 진동수를 마시니까 선생님께서 말씀하신대로 일어나 앉게 되었기에 찾아온 것입니다. 저희는 꼭 좋아질 것으로 믿고 있습니다."

하는 이야기를 들으니 언젠가 그 어머니가 찾아 왔던 생각이 났다. 부인은 업고 들어온 남자는 부인보다는 열살 이상 손아래로 보이는 젊은이었다. 어째서 남편이 데려오지 않고 남동생이 업고 왔을까 하고 생각하면서 환자의 나이를 물어 본 필자는 깜짝 놀라지 않을 수 없었다.

40여세쯤 된 중년부인으로 알았는데 스물 다섯살 밖에 되지 않은 젊은 새댁이오, 업고 온 남자는 남편이라고 대답했기 때문이었다. 젊은 여인이 이렇게 나이 먹어 보이는 데는 반드시 까닭이 있는 법이다. 영사를 해보니 빙의가 되어있는 것이 분명했다.

"혹시 이렇게 아프게 되기 전, 1년 전후해서 몇번 이사한 일이 없습니까?"

"네, 두번 이사했습니다."

"그 이사한 집 가운데 연탄가스로 죽은 중년부인이 있는 것 같군요. 혼자 방을 얻어 살던 중년부인이 연탄가스 중독사고로 죽었는데 그 방으로 이사를 오셨군요. 그 죽은 부인의 영혼이 빙의된 것입니다."

"그럼 어떻게 하면 좋죠."

"며칠 체질개선 시술을 받으신 뒤에 제령을 하셔야 겠습니다."

하고 필자는 이야기했다.

남편이 부인을 업고 시술실 안으로 들어와 자리에 앉혔다.

그런데 눕혀 놓고 직접 시술을 하는데 부인의 몸에서 이상한 냄새가 진동했다. 송장 냄새였다. 그러자 그녀의 여지껏의 중년부인 인상이 씻은 듯이 사라지고 젊은 새댁의 얼굴로 변하는게 아닌가!

(아 빙의령이 나갔구나!)

하는 느낌과 함께 어쩌면 이 환자는 걸어 갈 것 같다는 생각이 들었다.

"어쩌면 오늘로서 기적이 일어날 것도 같군요. 나쁜 냄새가 빠져 나가는 것을 보니……"

하고 필자가 말하자,

"그걸 어떻게 바라겠습니까? 두달 걸려서 일어나 앉게 된 것만 해도 저희는 얼마나 감사하고 있는지 모릅니다."

시술이 끝난 뒤였다.

"어디 앉아보세요!"

하고 필자는 말했다. 환자는 몸도 가볍게 벌떡 일어나 앉았다.

"일어서 보세요."

하니 비틀거리지도 않고 벌떡 일어섰다.

"걸어 보세요."

하니 아무렇지도 않게 걸어가는게 아닌가!

너무나 신기해서 남편은 입이 딱 벌어질 수 밖에 없었다.

이 환자는 그뒤 한번 더 시술을 받고 사흘째에 정식으로 제령했다.

몇번이고 고맙다고 치하하는 이들 부부에게 필자는 한마디 하는 것을 잊지 않았다.

"부인은 남편이 부자가 아닌데 대해서 감사해야 합니다. 돈이 있었으면 벌써 오래 전에 수술을 했을 것입니다. 수술을 해서 성공을 할수 있는 비율은 반반입니다. 경우에 따라서는 더 나빠질 수도 있습니다. 그동안 남편이 가난한 것을 원망도 했겠지만 이제부터는 감사하는 생활을 하셔야 합니다.

돈이 행복을 보장해 주는 것은 아닙니다. 인간이 생활해 나가는데 필요한 것이 돈이고 그것이 행복에 있어서 도움이야 되겠지만 돈이 전부는 아닙니다.

그런데 요즘 사람들은 돈 때문에 돈 보다 더 귀중한 것을 버리는 예가 많습니다. 예수께서도 부자가 천국에 가고자 하는 것은 낙타가 바늘구멍을 통과하는 것 만큼 어렵다고 하셨습니다. 부인은 남편이 가난했었기에 저를 찾아와서 이렇게 완쾌가 된것입니다. 남편의 가난을 탓하지 말고 감사하십시오. 또 남편도 부인을 아끼고 사랑하시고 하나님께 감사하십시오. 이것은 어디까지나 하나님께서 고쳐 주신 것입니다. 저는 하나의 힘이 통과하는 파이프에 지나지 않습니다. 수도꼭지를 틀면 물이 나오지만 물을 보내주는 곳은 수원지이지 수도꼭지 그 자체가 아닌 것과 같습니다.

범사(凡事)에 감사하는 생활을 하십시오. 두분은 이번 병으로 말미암아 소중한 교훈을 얻으신 것입니다."

두 사람은 필자의 말에 경건하게 귀를 기울여 주는 듯 했다. 그 뒤 아무 말이 없는 것을 보면 부인의 척추는 완전히 정상이 된게 아닌가 생각된다.

9. 지박령(地縛靈)들 이야기

1976년 여름이었다고 기억된다. 영등포에 공장이 있는 S 물산의 관리부 부장이라는 젊은이가 필자를 찾아온 일이 있었다. 명함을 받아보니 S물산은 필자도 그 이름을 들어본 일이 있는 회사였다.

방직물 뿐만 아니라 종합무역상사로서도 이름이 있는 회사니까 여기서 본명을 밝히면 누구나 '아 그 회사로구나!'하고 쉽사리 알수 있는 이름이었다.

"안선생님을 찾아뵙게 된 것은 다름이 아니라 저희 회사 공장에서 3번이나 폭발사고가 있었는데 그것이 아무래도 우연히 일어난 일 같지가 않았습니다. 폭발이 일어난 시간이라든가, 여러 번 되풀이 해서 사고는 났어도 인명피해는 하나도 없었다는게 이상하구요. 아무래도 영장(靈障)에 의한 것이 아닌가 해서 찾아 뵈옵게 된 것입니다."

하고 그는 메모지 한장을 내어 놓는 것이었다.

1976년 3월 9일(11시 55분) C.T(옥외 변전실)와, 실내 고압수전반 자동제어 회로 및 계기(計器) 폭발

1976년 5월 19일(14시 45분) C.T 이상 옥외변전실

1976년 6월 19일(23시 55분) 옥외 변전실 C.T 및 실내 변전실 고압수전반 자동회로 및 계기(計器) 폭발

"사고가 났을 때마다 새 기계로 갈아 끼우고 최선을 다해서 수리를 했는데 세번씩이나 폭발사고가 난 것도 이상하고요. 처음 사고가 낮 11시 55분에 일어났는데 그뒤 약 백일이 지난 뒤에 이번에는 밤 11시 55분 폭발이 일어난 것도 우연의 일치라고 하기에는 너무나 이상하지 않습니까?"

"글쎄 우연이라고 볼 수는 없겠는데요."

"한번 출장 오셔서 영사해 주실 수 없으실까요?"

"나는 출장을 나가지 않는 것이 원칙인데, 드문 경우니까 공부 삼아서 나가 볼까요."

하고 필자는 승낙했다.

그날은 마침 일요일이었고, 필자를 찾아온 손님들도 없어서 그 길로 곧장 S물산 생산관리 부장과 함께 인천 현장으로 달려 갔다. 현장에 가보니 생각했던 것 이상으로 규모가 꽤 큰 공장이었고 변전시설은 공장 마당에 있었다.

"알겠습니다. 가만히 영사해 보니, 이 근처가 모두 인천 상륙작전 때, 격전지(激戰地)였었군요."

"그렇다고 들었습니다."

"스물 아홉명의 시체가 땅속 2~3미터 되는 곳에 아무렇게나 묻혀 있는 것 같은데요."

"그렇다며 큰일인데요. 이 변전 시설을 철거시키려면 보통 문제가 아니거든요."

"내가 그 증거를 보여 드리죠."

필자는 생산관리부 부장과 부하 직원들 두명이 입회한 자리에서 변전실 시설을 향해 한손을 길게 뻗고 '옴 진동'을 일으켰다.

그 순간이었다. 머리카락이 타는듯 하기도 하고 뼈가 타는 것 같은 독한 냄새가 확 풍겼다.

"이게 무슨 냄새죠?"

하자 세사람은 기절할 듯이 놀라는 기색이었다.

설마 했었는데 막상 증거를 보니, 몹시 어리둥절해진 모양이었다.

"여기 묻힌 사람들은 행방불명으로 취급되었기 때문에 전사자(戰死者) 명단에도 빠졌고 물론 국군묘지에 이름도 없는 사람들입니다. 인민군(人民軍) 장교도 두명, 여자가 몇명 끼어 있는 것 같습니다. 흩어진 시체들을 구덩이를 파서 아무렇게나 쓸어넣고 휘발류를 끼얹어서 태우고 흙을 그대로 묻어버린게 분명합니다. 그들의 영혼은 하나같이 저승엘 가지 못했고 이곳에 지박령이 된 것입니다. 사고를 일으킨 것은 자기네들을 이곳에서 해방시켜서 천도시켜 달라는 뜻인게 분명합니다."

하고 필자는 자신 있게 말했다.

다음 일요일을 택해서 위령제(慰靈祭)를 지내고 천도를 시키기로 합의를 보고 이날은 그대로 돌아왔다.

다음 일요일 오후 2시에 제령을 하기로 했는데, 제사 상을 앞에 놓고 앉으니 이곳에 파묻힌 사람들의 명단이 차례로 떠올랐다.

참고 삼아 여기에 그대로 기록해 볼까 한다.

김상순(상선)중위, 김용삼, 하길종, 송재달, 김삼, 김종수, 박종재, 임수운, 이길자, 임경식, 방명수, 심삼수, 임권, 송시영, 박은종, 진수명, 송문식, 임석훈, 김재은, 임명수, 하종원, 임재동, 이덕애, 홍화자, 고재수, 양동택, 하유복, 이덕길 등.

그런데 말이다.

제령이 끝난 그 순간이었다. 생각지도 않았던 뜻밖의 일이 일어났다. 난데없이 라디오 스피커에서 울려나오는 진혼곡 나팔소리에 이어 애국가를 봉창하는 수십명의 노래소리가 방 안에 울려퍼진 것이었다.

방안에 있던 사람들은 모두 소스라치게 놀라지 않을 수 없었다.

이같은 돌발적인 방송에 대하여 의견이 달랐는데, 동회에서 방송한게 아니냐고도 했지만 그날은 특별한 행사가 있는 날도 아니었고, 위령제가 끝나자 시간을 맞추어 들려온 것은 이상한 일이 아닐수 없다고들 했다.

물론 공장 안에서는 아무도 이런 방송을 하지 않았음을 곧 확인된 바 있었다.

지금까지도 필자로서는 풀리지 않는 수수께끼가 아닐 수 없다고 생각한다.

제 4 장
영각자(靈覺者)들의 세계

이제 앞으로 너희 나라에는 많은 의(義)로운 사람들이 나타나리니 이는 옛 의인(義人)이 부활되었음이라.

나는 너희 나라에 일곱 기둥을 세우려하니, 많은 의로운 사람들 가운데 일곱 기둥이 누구인지 차차 밝혀지리라.

〈기적과 예언 하늘이 내리신 말씀 중에서〉

여지껏 필자는 많은 사람들의 전생(前生)에 대해서 이야기를 해왔다. 인간이 몇번이고 거듭 태어난다는 것은 알고보면 하나도 새로운 이야기가 아니다. 고대민족(古代民族)들의 대부분은 인간이 영혼을 지녔다는 사실을 믿어 왔고, 거듭 태어난다는 것도 믿어 왔으며 또한 불교를 위시한 많은 종교에서도 이야기를 해 왔기 때문이다.

독자들 가운데는 필자의 이야기를 한낱 수신강화(修身講話)로 받아들인 이도 있을 게고, 또 필자가 본시 소설가였기에 적당히 만들어 낸 이야기라고 생각하신 분도 많으리라고 생각된다.

지난 50년대부터 20여년 동안 작가 생활을 해왔고 어쨌든 개인 전작집까지 출판한 바 있으니, 어느 의미에서 필자는 자신의 의견을 주장하는데 있어서 매우 불리한 입장에 놓여 있는 것도 사실이다.

이제 심령과학 시리즈도 14권째에 이르렀으니, 자기 스스로에 대해서도 결론 비슷한 것을 내려야 할 때가 왔다고 생각된다.

'남의 이야기만 하지 말고 당신 자신의 전생(前生)이 누구

였었는지 말해 보라? 또한 그것이 사실임을 증명해 보라!'

이같은 요구가 여러 독자들에게서 쏟아져 나오고 있으리라고 여겨진다.

인간이 한번의 생존(生存)만으로 어떤 큰 일을 하기에는 지금 우리에게 주어진 수명은 너무나 짧다고 필자는 생각한다. 그러기에 인간은 몇번이고 거듭 태어나 앞서 세상에서 못다한 일들을 계속해 가는 것이라고 생각하는 것이다.

여기 지금부터 백여년 전에 살았던 한때의 사람들이 있다. 그들은 나라와 겨레를 위해서 또 세계 동포들을 위해서 큰 꿈을 펼쳐 놓았으나 그들의 생애에서 그 과업을 완벽하게 성취시키지는 못하고 갔다.

그들은 한결같이 다시 돌아올 것을 약속했다.

자기가 다시 돌아올 때는 다른 육체로써, 또 다른 부모에게서 태어날 것이고 또한 전생(前生)에서의 기억들을 잊어버릴 것을 너무나 잘 알고 있었으므로, 그들은 자기가 다시 올 때는 이러 이러한 표적을 지니고 오리라는 것을 미리 이야기해 두는 것을 잊지 않았다. 가짜가 나타나서 자기가 거듭 태어난 것이라고 할수 없도록 미리 못을 박아놓은 셈이다.

필자는 필자 자신을 비롯해서 이런 사람들을 여러 명 찾아낸 바가 있기에 여기에서 그 전모를 밝히려 한다.

이제부터 필자가 하는 이야기에 대해 과연 타당성이 있느냐 없느냐는 여러 독자들이 판단할 문제라고 생각한다. 또한, 공정한 판단에 도움이 되기 위하여 이들의 전생(前生)과 많이 틀리는 점도 빠짐없이 기록해 볼까 한다.

여기에서, 필자가 거듭 주장해 온 인간의 영혼은 영생(永生)하는 '에너지 생명체'이며 또한 인간은 몇번이고 거듭 태어난다는 주장의 옳고 그름이 밝혀질 것이라고 생각한다.

1. 나는 어떻게 심령과학도가 되었는가?

필자가 자라난 가정환경은 무종교(無宗教)의 집안이었다. 기독교나 불교 또는 어떤 신흥 종교와도 필자는 인연을 맺어 본 일이 없는 것이다.

그래서 30대의 중반에 이르기까지 필자는 철저한 무신론자(無神論者)였었다. 그러한 필자가 지금과 같이 철저한 유신론자(有神論者)로 변하게 된 데는 아내의 공이 크다고 생각한다.

필자는 어려서 신동(神童)도 아니었을 뿐더러 국민학교 5학년 때까지만 해도 성적은 중간 아래를 맴돌고 있었고, 어린 나이답지 않게 심한 자학증에 고민하는 다감(多感)한 소년이었다.

말도 더듬었고, 심한 적면공포증(赤面恐怖症)때문에 괴로움을 받기도 했었다.

충남 서천출신인 아버지와 황해도 장연(長淵)출신인 어머니는 성격 차이가 너무나 심해서 항상 말다툼으로 지새웠고 아버지가 돌아가시는 순간까지도 두분은 상대방에게 적응을 못한 불행한 집안이었다. 필자는 어려서부터 삶에 대해서 늘 회의를 느껴 왔고, 곧잘 자살 충동까지도 느끼곤 했었다.

부모들의 사랑을 전혀 받지 못하고 자란 필자는 심한 열등

감 속에서 자기 자신을 잘못 태어난 인생으로 규정하는 경향을 갖기도 했었다.

이런 상태에서 필자는 문학에 몰두했고, 그 덕분에 위험한 청년시절을 별 탈없이 지내온게 아닌가 싶다.

대학시절, 여러 해에 걸쳐서 한 여성을 사모한 일이 있었으나 그녀로 부터는 끝내 냉대를 받았었기에 자신은 여성으로부터 평생 사랑을 받을 수 없는 인간이 아닌가 하는 열등감마저 갖게 되었다.

그럭저럭 대학을 졸업하고 스물 여섯이 되던 해에 필자는 우연히 K출판사에서 책을 내게 되었고, 그때 출판사의 직원이었던 지금의 아내를 알게 되어 그녀를 사랑하게 되었다.

어려서부터 애정에 몹시 굶주려 온 필자는 그때까지 알게 된 여러 여성에 대해 연모의 정을 가져 본 일이 많았지만 그때까지 한번도 올바른 대우를 받아 본 일은 없었다.

애정이란 서로 주고 받는 것을 말하는 것이라면 그런 의미에서 아내는 나의 첫사랑의 연인이었다고 할 수 있지 않나 한다. 얼마동안 교제가 계속된 뒤에 필자는 구혼을 했다. 그녀는 며칠 동안 생각해 볼 여유를 달라고 했다. 그녀가 나에게 대답을 하기로 한 날은 몹시 을씨년스러운 날씨였다.

늦가을의 아무도 없는 덕수궁 뒤뜰 벤치에 앉아서 그녀는 필자의 구혼을 받아들일 수 없는 이유를 차근차근 설명했다. 전에 결핵을 앓은 일이 있는데, 그 병이 재발을 했으며 의사의 이야기가 종신토록 약을 먹어야 한다고 했으니 자기는 그 누구하고도 결혼할 수 없는 몸이라고 했다. 그러니 다른 더 좋은 사람과 결혼해 달라는 것이었다.

모처럼 얻은 행복을 놓치게 된 필자는 눈 앞이 캄캄했다.

"나를 알아주는 여성, 나의 애정을 받아주고 돌려줄 수 있는 사람을 만났다고 생각했는데 역시 인연이 없었구려. 나는 평생을 통하여 나를 알아준 고마움을 사랑으로서 갚으려고 했는데 그것이 소용이 없게 되었구려. 그렇다면 당신에게 갚지 못한 보답을 앞으로 만나는 사람들에게 갚으리다. 어느 의미에서든 내 도움이 필요한 사람들에게 하나의 작은 지팡이가 되리다. 하늘을 두고 맹서하오."

하고 필자는 눈물을 흘리면서 마음속 깊이 서약했다.

그뒤 필자는 1년 동안 다시는 그녀를 만나지 않았었다. 그러다가 우연히 길거리에서 건강한 모습을 한 그녀를 만나게 되었다. 사라졌던 희망이 다시 솟아났다. 얼마동안 교제가 계속된 뒤에 또 다시 청혼했다.

이번에는 그녀도 승낙을 했다. 그런데 양쪽 집안 어른들끼리 만나기로 한 날 아침, 그녀의 언니에게서 전화가 걸려 왔다. 오늘 아침 각혈을 했으니 동생을 단념해 달라는 이야기였다.

"아니 어디 색시가 없어서 폐병 앓는 색시를 얻겠다는 거냐. 다시는 이야기도 꺼내지 말아라!"

하는 부모님 말씀 앞에 필자는 몸둘 곳을 몰라 했다.

역시 인연이 없는 여인이었구나 하고 단념하는 수 밖에 없었다. 그뒤 1년이 또 지났다. 지금은 미국으로 이민간 친구의 약혼식에서 한 여인을 알게 되었다.

E대학 강사로 나가는 여성이었다.

복잡한 경위를 밟아서 그녀와 약혼을 했다. 그러나 약혼한지 한달이 지나는 동안 필자는 자신이 큰 오산을 했음을 깨닫지 않을 수 없었다. 헤어진 여인과는 반대로, 그녀는 필자의 인격을 전혀 인정치 않았다. 이대로 결혼한다는 것은 두 사람이 다같이 불행해진다는 것을 뜻한다고 생각했다.

말다툼이 잦았다. 그러던 어느 날 대단치 않은 일로 큰 언쟁이 일어나고, 이것을 고비로 그녀는 필자의 곁을 떠나고 말았다.

그녀를 보내놓고서 필자는 다시 한번 헤어진 여인을 찾아보기로 했다. 생각했던 것과는 달리 그녀는 건강한 모습을 하고 있었다.

알고 보니 그 집안에서 크게 반대를 했는데, 필자의 자존심을 상하게 하지 않기 위해 아프다고 거짓말을 했다는 것이었다.

필자는 어이가 없었다. 그러나 한편으로 그토록 섬세하게 마음을 써준 것이 고맙기도 했다. 이번에는 저쪽에서도 아무런 반대가 없었다. 딸이 스물 아홉이나 된 노처녀가 되었으니 완강한 입장이 못되었다. 그러나 필자의 부모들은 그렇지가 않았다.

아버지께서 맹렬히 반대하셨다. 몸이 아픈 며느리를 집안에 맞아들일 수가 없다는 것이었다. 결국 필자의 고집이 승리를 거두어 결혼은 했지만, 그뒤 반년 동안 처가살이를 해야만 했었다.

그런데 결혼식을 올리던 날, 이상한 예감이 들었다.

이 여인과 결혼하면 행복은 하겠지만 앞으로 10년 밖에 살지 못할 것이라는 아주 불길한 예감이었다. (10년이면 어떤가! 그동안 행복하다면 10년도 긴 세월이다!)

하고 필자는 생각했다.

이런 예감이 맞았던지 필자는 결혼 후 한달만에 무서운 열병을 앓았다. 꼭 죽는 줄만 알았다.

그런데 고열이 계속되던 어느 날 이상한 소리가 들렸다.

(5년 후에 다시 보자!)

그뒤 5년 후, 필자는 세째 처남일로 해서 곤경을 치루어야만 했었다. 그때 또 이상한 소리가 들렸다.

(앞으로 5년 후, 설흔 아홉살을 너는 넘기기 어려우리라!)

필자의 10년에 걸친 결혼생활은 행복했다. 사람이 산다는 것이 이런게 아닌가 여겨질 만큼 필자의 마음은 안정이 되었다. 그동안 책도 여러 권 출판했다.

아버지를 도와서 여러가지 좋은 일도 했다. 설흔 아홉살이 되자 필자는 아무래도 이 해가 생애의 마지막이 될것 같기만 했다.

주변을 정리했다.

하루 하루를 곱씹어 가면서 후회없는 1년을 보냈다. 남들은 언제 죽을지 모르면서 사는데 죽는 날을 알고 살게 된것을 하늘에 감사했다.

12월 30일이었다고 기억된다.

필자는 충무로에 나갔다가 우연히 이규대씨라는 분을 알게 되었고 그로부터 《요가行者의 일생》이라는 책을 빌려 보게 되었다.

이 책에는 히마라야 산 속에서 2천년 이상의 젊음을 누리고 산다는 신인(神人) 파파지에 대한 이야기가 실려 있었다.

어쩐지 이 파파지가 전생(前生)에서의 스승 같기만 했다.

마흔살이 되던 정월 이튿날 밤, 필자는 파파지에게 기도를 했다. 이때만 해도 필자는 아직 하나님의 존재를 확실이 믿지를 못했었기에 구체적인 인물인 파파지에게 기도를 드린것이었다.

(저는 지난 10년동안 행복하게 살았습니다. 이제는 지금 죽는다 해도 여한이 없습니다. 저승으로 데려가 주셔도 좋고 또 연명이 된다면 앞으로는 제자신 보다는 많은 동포들을 위

해서 무엇인가 도움이 되는 일을 하면서 살겠습니다. 그러나, 제 뜻대로 하지 마시고 선생의 뜻대로 하시옵소서!)

이날 밤, 필자는 죽었다.

정확하게 말해서 유체이탈(幽體離脫)을 했던 것이라고 생각된다. 온 몸이 싸늘하게 차지고, 심장의 고동이 멎으면서 필자의 영혼은 육체에서 빠져나왔다. 멀고 먼 과거, 약 2천년전 중동지방에서 살았던 전생(前生)을 필자는 경험했다.

꿈이라고 하기에는 너무나 생생한 천연색 장면이었다. 필자는 이날 밤 많은 전생의 기억 가운데서 하나를 찾은 것이었다. 얼마가 지났던 것일까!

필자의 유체는 다시 강한 힘으로 다시 끌려가기 시작했다. 어딘지 먼 곳에서 아내가 부르는 소리가 들렸다.

(여보! 정신 차리세요! 여보!)

차차 그 소리가 크게 들리더니 필자의 영혼은 다시 육체속으로 빨려 들어가는듯 했다.

왼쪽 발 뒷꿈치에서 맥이 뛰기 시작하자 정신이 들었다. 다시 정신이 든 필자를 보고 아내는 크게 한숨을 몰아쉬었다.

"당신이 정말 죽은 줄만 알았어요. 몸이 갑자기 싸늘해지는 것 같아서 잠을 깼어요. 자세히 보니 당신이 숨을 쉬고 있지 않더군요. 저는 정말 얼마나 놀랐는지 몰라요!"

이같은 아내의 말을 귀결에 들으면서 필자는 다시 깊은 잠속에 빠져들어 갔다.

새벽이었다. 잠은 분명히 깨었는데, 아직 두 눈은 감고 있는 상태이고, 갑자기 눈 앞에서 별 빛이 반짝이더니 커튼이 둘둘 말아올라 갔다.

눈 앞에는 여러 제자들을 거느린 파파지의 모습이 보였다.

"안동민, 너는 네가 전생에서 누구였었는지 아느냐!"

"잘 모르겠습니다."

"너는 라히리·마하사야다! 전생에서 라히리가 하던 일을 계속해서 완성해야 한다. 알겠느냐!"

"알겠습니다!"

그순간, 커튼이 다시 내려가고 필자는 두 눈을 떴다.

그 길로 서재로 달려가서 《요가行者의 일생》을 펼쳐보니 과연 필자의 모습과 라히리·마하사야는 닮은 데가 많았다.

그렇다면 유체이탈해서 과거로 돌아가서 본 것은 라히리·마하사야 이전의 전생이 분명하구나 하는 생각이 들었다.

이날 필자는 또다른 놀라운 발견을 했다. 10년동안 앓아온 기관지 천식을 비롯해서 몸에 있던 여러가지 병들이 모두 쾌유되고 몸이 완전히 건강해졌음을 알게 된 것이었다.

그 뒤 한달동안 천국(天國)에 가 있는 것과 같은 행복한 나날이 계속되었다.

신변에 여러가지 기적들이 일어났다. 죽은 지 30분 이상된 금붕어를 살려낸 것을 위시해서 가슴앓이를 앓던 이모님의 병을 순식간에 고치는 등 상상도 하지 못할 여러가지 이상한 일들이 있었다. 그런 후 한달이 지나자 여러가지 무서운 시련이 닥쳐 왔다.

아버지가 간암임이 밝혀졌고, 돌아가시기 전후해서 필자는 남이 알 수 없는 무서운 정신적인 고통을 겪어야만 했었다.

최후의 방법으로 단식요법을 택한 아버지와 이를 이해하지 못하고 반대하는 가족들 사이에서 필자는 아버지를 굶어 돌아가시게 하려고 한다는 터무니없는 오해를 받아야만 했던 것이었다.

미국에 있는 동생들이 쫓아나오고 지금 생각하면 아주 끔찍스러운 악몽의 연속이었다.

모든 노력에도 불구하고 아버지는 결국 돌아가셨다.

춘추 70이셨다.

여기서 부모의 결혼식과 관련된 춘원선생(春園先生) 이야기를 잠깐 소개해 볼까 한다. 부모님의 주례(主禮)를 춘원선생께서 서 주셨는데 그때 춘원선생께서 말씀하시기를,

"자네는 위로 아들만 셋을 낳거든 단산을 하게. 큰 아들의 이름은 둘을 지어주겠네. 하나는 외자 이름으로 동자(棟字)이니, 이 이름을 지으면 애국자가 될 것이고, 동민(東民)이라고 지으면 40까지는 여러가지 고(苦)가 많겠지만 몇번 죽을 고비를 넘긴 뒤에 겨레를 위해서 큰 일을 하는 인물이 될 것일쎄. 둘째는 동방(東邦), 세째는 동국(東國), 이들은 외국에 가서 살기가 쉽네."

"아들 삼형제는 너무 적지 않습니까?"

"엣끼 이사람, 자네는 욕심이 너무 많아서 탈이야. 삼형제만 낳고 단산을 하면 자네는 말년(末年)이 행복할 게고 80까지 살겠지만 욕심을 부려서 셋을 더 낳으면 삼불출(三不出)이 나와서 자네는 인간고(人間苦)가 많을 게고 70을 넘기기가 어려워. 그런 것을 알고서야 어떻게 이름을 지어주겠나. 지으려거든 자네가 짓게."

하고 춘원선생은 몹시 못마땅해 하셨다는 것이었다.

그분 말씀대로 동방과 동국은 현재 미국에서 살고 있고, 그 밑으로 태어난 3남매가 말년의 아버지의 마음을 몹시 상하게 했던 것은 사실이었다.

결국, 화병으로 간암이 된게 아닌가 생각된다.

필자는 서울문리대 국문학과 졸업논문으로 〈春園研究〉를

제출했는데, 생각하면 모두가 기이한 인연이라고 생각된다. 어떻게든 살아보려고 무서운 투병생활을 하셨지만 결국 아버지는 돌아가시고 말았다.

그뒤 2년 동안 필자는 어떻게든 출판사를 키워보려고 무진 애를 썼지만 〈한국아동문학선집〉출간을 계기로 필자가 자영하던 동민문화사(東民文化社)는 파산을 하여 문을 닫게 되었다.

문을 닫을 때, 빚은 천만원이 훨씬 넘었다.

여기서 잠깐 필자가 지금 하고 있는 체질개선연구원을 열게 된 동기를 이야기해 볼까 한다.

부산에 출장 갔다가 오는 길에 경주 근처에서 그때 영업부장이었던 김봉룡(金奉龍)씨의 이야기에서 힌트를 얻었는데, 태양 에너지를 장심(掌心)으로 빨아들여서 뇌의 송과체(松果體)에 뇌사(腦砂)를 응집시킬 수 있는 방법을 필자는 알아낸 것이었다.

그뒤 출판보다는 이 일에 더 관심을 기울였고, 한국일보사에 계시던 이기석(李基錫)씨의 소개로 〈주간한국〉에 12회에 걸쳐서 〈방랑 4차원〉이라는 글을 연재한 것이 인연이 되어서 많은 난치병 환자들을 접하게 된 것이 동기가 된 것이었다.

어쩔수 없는 상황에 몰린 필자는 출판사 문을 닫기 직전에 '체질개선연구원'의 간판을 함께 달았다.

이때 필자의 손을 거쳐간 사람들이 100여명이었고, 전원에게는 거의 무료로 시술해 주었었다.

이들 가운데 기적적으로 회복한 어느 분의 경제적 협조로 예수님의 성경에 나타나지 않은 12세에서 30세까지의 기록이 담긴 《보병궁 복음서》 출판을 마지막으로 동민문화사는 영 문을 닫게 되었다.

1961년 12월 4일 창립해서 만 12년만에 출판사는 남의 손에 넘어가고 말았다. 어쩔수 없는 일이었다. 빚 갚을 길은 전혀 없고 하잘것 없는 가구, 집기까지 차압당했다.

차압을 당하던 날 아내는 말없이 부엌에서 울었다. 어떻게든 잘 살아보려고 좋은 책을 내보려고 몸부림치며 노력한 결과가 파산이었다. 셋방이라도 얻어 나가려고 집도 내어 놓았지만 팔리지가 않았다.

필자가 출판사를 할때 단골로 종이를 대주던 Y지업사의 사장에게도 〈한국아동문학선집〉용 용지대 2백만원이 고스란이 빚으로 남아 있었다.

Y지업사 사장은 그뒤 T출판사를 창립했다. 필자가 오늘날이 있게 된 것은 첫째 하늘의 보살핌이오, 둘째는 T출판사 사장이었던 왕한조씨의 덕이라고 생각한다.

1973년 8월 2일 밤, 필자는 처음으로 하나님께 기도를 드렸다. 모든 인간의 노력이 속절없음을 깨달았으니 하늘이 시키시는대로 살아가겠다는 것을 맹서하고 손발을 풀어 주실 것을 간곡히 기도 드렸다.

"하나님이 계시다면 분명히 내일 무슨 기적이 일어날 거요."

하고 필자는 실망에 차 있는 아내를 위로했다.

다음 날, 동네 복덕방에 계시는 노인이 고혈압 환자 한분을 모시고 왔다. 이 환자에게 기적적인 효과가 나타나면서 많은 사람들이 필자를 찾기 시작했다.

심하게 빚 독촉을 했더라면 필자는 소생할 길이 없었을 터인데 다행히 왕사장은 1년 이상을 너그럽게 기다려 주었기 때문에 그동안 필자는 6백명 가까운 사람들의 체질개선을 할 수가 있었다.

환자들이 주고 가는 얼마 안되는 사례금을 모아서 우선 급한 빚부터 갚아 나갔다. 인과율(因果律)이 얼마나 무서운 것인가를 필자는 뼈아프게 체험한 셈이다.

또한 필자를 찾아온 많은 환자들을 통해서 처음으로 체질개선의 원리도 체계를 세우게 된 것이 사실이다. 참고 서적이 있었던 것도 아니고 스승이 있었던 것도 아니다.

심령치료와 체질개선 연구를 시작한 지 3년이 지나자 어느덧 필자는 이 방면에 대해 전문가가 되고 말았다. 그러던 어느날, 증산진법회(甑山眞法會)의 회장이라는 배용덕(裵容德)씨가 필자를 찾아왔다. 이원섭(李元燮)씨의 소개였던 것으로 기억한다.

필자는 자신이 연구한 '체질개선의 원리(原理)'에 대해서 자세한 설명을 해드렸다. 그는 증산연구 논문집(甑山研究論文集) 한권을 선사하면서 필자에게 안경을 벗어보라고 하더니 유심히 얼굴을 살펴보고 그냥 돌아갔다.

필자는 별 이상한 사람도 있구나 생각하고 돌려보냈을 뿐이었다. 밤낮없이 시간에 쫓기는 몸이라 그가 놓고 간 책은 차일피일 미루며 읽을 기회가 없었다. 이 무렵, 필자는 진동수를 직접 만들어 많은 사람들에게 아무 대가없이 공급해서 많은 성과를 거두고 있었다.

한 두사람 오던 것이 수십명으로 증가되고 보니 우리 연구원은 공동수도장 비슷하게 되었고, 나중에는 감당하기조차 어려웠다.

하루는 공심법(空心法)을 써서 명상에 들어갔더니 '자기(磁氣)테이프'인 녹음테이프에 진동음인 '옴'을 녹음해서 그 진동으로도 진동수를 만들수 있을 것이라는 생각이 들었다.

필자는 카셋트 테이프에다가 옴 진동을 넣은 뒤, 시내 아는 어느 문방구점에 가서 연구원에 전화를 걸었다. 아내를 불러내어 카셋트 테이프를 틀게 하여 전화로 보내게 하고 수도물에 쪼여 보았다. 맛을 보니, 직접 진동한 것이나 다름이 없었다. 이 뒤로 일년 반 동안 하루에 때로는 100통화 이상이나 진동을 보내곤 했다.

결과는 소수의 예외를 빼놓고는 실로 놀라운 바가 있었다.

결핵, 악성 피부병, 알콜 중독을 위시해서 많은 난치병이 완쾌되었고 성격이 변했다는 보고 예도 있었다. 물론 전화는 순전한 봉사에 속하는 일이고 필자는 이에 대하여 어떤 보수도 받은 일은 없다.

그런데, 1년 반이나 지났을 때, 전화로도 감당하기가 어려워졌다. 직접 진동수 만들기 2년, 전화로 진동수 보내기 1년 반, 모두 3년 반에 걸친 시험결과 필자는 직접 카셋트 테이프에 옴 진동을 녹음해서 실비로 보급하기로 결심하기에 이르렀다.

옴 진동 테이프에는 옴 진동과 그 원리(原理) 설명과 효과를 본 사람들의 여러가지 증언들이 녹음되어 있고 뒷면에는 아나운서와 대담하는 형식으로 '체질개선의 원리'에 대한 자세한 설명이 들어 있다.

글을 모르시는 분도 카셋트 녹음기만 있으면 모든 설명을 들을 수 있고, 또한 이 테이프로 시술도 가능한 것이다.

가령 결핵환자일 경우에는 우선 깨끗한 그릇(프라스틱 제품은 금물이다)에 물을 떠 놓고 진동을 시킨 뒤, 두꺼운 타올로 적셔서 옷 위로 가슴 위에 놓고 그위 10센티 가량 떨어진 거리에서 진동소리를 쪼이면 되는 것이다.

옴 진동 테이프와 카셋트 녹음기 한대면 웬만한 난치병은 치유될 수 있음은 실로 놀라운 발견이 아닐 수 없다고 생각한다. 많은 이용이 있기를 바란다.

얼마가 지난 뒤였다.

탤런트로 유명한 이경훈씨(가명)의 누님 되시는 분이 필자를 찾아 온 일이 있었다. 그녀는 거의 광신(狂信)에 가까운 증산교 신자(甑山敎信者)였다. 심령과학 시리즈인 《기적과 예언》 속에 꼭 소개를 해 달라고 원고까지 써다 주셨지만 필자는 이때도 과히 마음이 내키지 않았다.

그뒤 또 얼마가 지난 뒤였다.

성남시에 사는 어느 모자가 필자를 찾아 온 일이 있었다. 그들을 영사해 보니 젊은이는 전생(前生)이 강화도령인 철종(哲宗)이었고, 그 어머니는 민비(閔妃)였었다. 어머니는 얼굴 모습까지도 꼭 민비를 닮은 것 같았다.

"저는 어려서부터 이나라 백성들이 이렇게 어렵게 사는 것은, 제가 전생에서 무엇인가 잘못한 것과 관련이 있는 것과 같은 자책심을 늘 느끼곤 했지만 그 까닭을 몰랐었죠."

하면서 젊은이의 어머니는 고백하는 것이었다.

"젊은이는 벌써 3대째 특수한 종교를 믿어온 것 같군요. 혹시 할아버지 때부터 증산교 신자가 아니었던가요?"

"네, 그렇습니다만 그걸 어떻게 아셨습니까?"

하고 젊은이는 놀라워 했다.

"할아버지 제사날과 젊은이의 생일이 같지 않습니까?"

"맞습니다."

"젊은이는 할아버지가 다시 재생(再生)한 것입니다. 그리고 그 할아버지의 전생이 철종이셨구요."

하고 말하는 순간 필자는 소스라치게 놀라지 않을 수 없었다.

(증산이 다름아닌 내 자신이었구나!)

하는 자각(自覺)이 생겼기 때문이었다. 그동안 서가(書架)에 꽂혀 있기만 했던 증산연구논문집을 펼쳐보고 필자는 그와 필자 사이에 너무나 많은 공통점이 있음에 새삼 놀라지 않을 수 없었다.

증산교 신자들의 믿음에 의하면 증산은 구천상제(九天上帝)라고 했고 바로 하나님 자신이라고 했는데 그렇다면 필자 자신이 하나님의 재생(再生)이라는 이야기가 되는 셈이다.

이것은 평범한 범부(凡夫)를 자처해 온 필자로서는 여간한 충격이 아닐수 없었다.

이때부터 필자의 증산 연구는 시작되었다.

그 결과 얻은 결론은 필자는 증산과 공통점도 많지만 또한 전혀 상이(相異)한 점도 많다는 사실을 알아 내었고 따라서 필자 나름대로의 견해를 세울 수 있게 되었다.

여기서 한가지 밝혀둘 것은 필자는 어디까지나 심령과학도이며 증산교 신자는 아니라는 것, 또한 동학(東學)의 신자도 아니라는 것, 인간이 거듭 태어나는 원리(原理)를 밝혀내고 증명하는 것이 목적이고 또한 체질개선법을 가능한 한 널리 세계에 보급시키는 것이 목적이라는 것, 어떤 종교단체에 가입할 생각도 없을 뿐더러 장차도 종교단체를 만들 생각은 추호도 없다는 점을 밝혀두고저 한다.

일반인들이 너무나 모르고 있는 근세(近世)에 태어난 위대한 선지자(先知者)이셨던 강증산(姜甑山), 최수운, 김일부, 전봉준 등을 소개하고저 함도 이상과 같은 뜻에서 일 뿐이다.

2. 강증산(姜甑山)과 천지공사(天地公事)

증산교의 교조(教條)인 증산(甑山)께서는 1871년 이씨왕조 고종 8년, 신미(辛未) 9월 19일에 태어나셨다고 한다.

부친은 강홍주(姜興周)요, 모친은 권양덕(權良德)이었다.

교조의 이름은 一淳, 자(字)는 士玉, 甑山은 그 호(號)를 가리킴이다. 교조의 탄생은 그 잉태 때부터 남다른 이상한 점이 있었다고 한다.

모친이 친정에 가 있는 어느날, 하늘이 남북으로 갈라지며 큰 불덩어리가 내려와서 몸을 덮으며, 천하가 밝아지는 꿈을 꾸고 이때부터 잉태하여 열석달만에 낳으셨다.(《大巡典經》 1~2)

낳으실 무렵에는 부친이 비몽사몽간에 두 선녀가 하늘에서 내려와서 산모를 간호하는 것을 보았는데 이로부터 이상한 향기가 온 집안에 가득하고 밝은 기운이 집안을 두르고 하늘로 뻗어 이렛동안 계속하였다.(동상~3)

이와같은 기록을 볼 때, 모친의 친정인 답내면 서산리에서 잉태한 것만은 틀림 없다고 보겠고, 또 일설에 의하면 잉태

할 당시 부친은 처가에 가 있지 않았다는 말도 있으므로 그렇다면 기독교 사상의 무구 수태론(無垢受胎論)과 상통한다고 볼 수 있다.

그의 육체적인 특징으로서는 양 미간에 불표(佛表)가 있었다고 하며 왼손 바닥에는 북방 임(壬)자 무늬와 바른 손바닥에는 별무(戊)자 무늬가 있었고 등에는 붉은 점이 북두칠성을 새겨 놓은 듯 뚜렷하였고 아래 입술 안에는 붉은 점이 있었다고 한다. 또한 원만한 모급은 금산사(金山寺)의 미륵불을 많이 닮았다고 했다.

어려서부터 호생(好生)의 덕이 많으시어 나무심기를 즐기시고 자라나는 초목을 꺾지 아니하시고 미세한 곤충이라도 해하지 아니하시며 혹 위기에 빠진 생물을 보시면 힘써 구하시니라.(《大巡典經》1~5)

일곱살 되시던 경축년에 농악을 보시고 문득 혜각이 열리셨음으로 장성하신 뒤에도 다른 굿은 구경치 아니하시되 농악은 흔히 구경하시니라.(동상~6)

이해에 어려운 사람이지만 아드님의 출중하심을 보시고 훈장을 데려다가 천자문을 가르쳤는데 하늘 천(天)자와 따지(地)는 따라 읽으시나 그 다음은 읽지 아니하시므로 아무리 타일러도 막무가내라 할 수 없이 부친이 안방으로 불러다가 물었더니 하늘천자에 하늘 이치를 깨닫고 따지자에 땅 이치를 깨달았으니 더 배울 것이 어디 있겠습니까, 남의 사정도 모르는 훈장이 책임을 다하지 못한 것이므로 돌려보내십시오 하는 것이었으므로 할수 없이 훈장을 돌려보냈다.(동상

~7)

여기 필자가 소개한《대순전경(大巡典經)》이란 증산의 종도(從徒)였던 이정립(李正立)씨가 후에 저술한 책이다.

증산교나 증산진법회(甑山眞法會)에서는 증산을 하나님이 직접 사람이 되어 오신 것으로 보나 필자는 결코 증산교의 신자는 아니므로 어디까지나 객관적인 입장에서 그를 소개코저 한다.

그가 성도(成道)한 것은 1901년 신축(辛丑) 12월 26일이었다고 한다.

서른 한살 되시던 해의 일이다.

천지공사(天地公事)란 무엇인가?

천지공사란 일찌기 어떤 종교의 교조(敎祖)도 행한 일이 없는 특이한 일이었다.

증산은 당신을 스스로 3계(三界)의 대권을 쥐었다고 자처하시고 다음과 같은 일을 행하셨으니《대순전경》에서 그 내용을 알아보면 다음과 같다.

임인년(壬寅年) 4월에 증산께서는 종도의 한사람인 김형렬(金亨烈)의 집에 머무르시어 형렬에게 말씀하시기를, 시속(時俗)에 어린 아이에게 개벽장이라고 희롱하나니 이는 개벽장(開闢長)이 날것을 일음이라. 내가 3계대권(三界大權)을 주재하여 천지를 개벽하여 무궁한 선경(仙境)의 운수를 정하고 조화정부(造化政府)를 열어 재겁(災劫)에 쌓인 신명(神明)과 민중을 건지려 하나니 너는 마음을 순결히 하여 공정(公庭)에 순종하라 하시고 날마다 명부공사(冥府公事)를 행하시며 말씀하시기를 명부공사의 심리(審理)를 따라서 세상의 모든 일들이 결정되니 명부의 혼란으로 인하여 세계도 또한 혼란하게 되나니라 하시고 전명숙(全明淑)을 조선명부, 김일부(金一夫)로 청국명부(淸國冥府), 최수운(崔水雲)으로 일본명부를 각기 주장케 한다고 하시며 날마다 글을 써서 불살으시니라.《대순전경》

이밖에 증산은 선천세계(先天世界)가 끝나고 앞으로 다가오는 후천세계(後天世界)를 위하여 ① 천지도수(天地度數)를 정리조정하시고, ② 신명(神明) 조화(造化)하여 ③ 원한을 풀어주어서, ④ 상생(相生)의 길을 트고, ⑤ 액겁(厄劫)이나 병겁(病劫)을 없애는 공사도 보셨고 또한 최수운(崔水雲)으로 하여금 선도(仙道)의 종장(宗長), 진묵대사로 하여금 불교의 종장, 주자(朱子)로 하여금 유교(儒敎)의 종장, 이마두로 하여금 서도(西道)의 종장으로 세우는 공사(公事)도 보셨던 것이었다.

증산이 행하신 수많은 천지공사(天地公事) 가운데 잊을 수 없는 것은 그 당시 나라의 운세를 보시고 아무래도 독립을 유지하기 어려울 것을 깨달으시고 하신 공사가 있다.

천사(天師) 임경위를 향하여 두어마디로 알아듣지 못하게 수작하신 뒤에, 말씀하시기를 조선을 서양으로 넘기면 인종이 다르므로 차별과 학대가 심하여 살아나 갈 수 없을 것이오, 청국(淸國)으로 넘기면 그 민중이 우둔하여 뒷 감당을 못할 것이오, 일본은 임진난 후로 도술신명(道術神明)들 사이에 척이 막혀 있으니 그들에게 넘겨 주어야 척이 풀릴지

라. 그러므로 그들에게 한때 천하통일지기(天下統一之氣)와 일월대명지기(日月大明之氣)를 붙여 주어 역사(役事)를 시키려니와 한가지 못줄 것이 있으니 곧 어질 인(仁)자라, 만일 어질 인자까지 붙여주면 천하는 다 저희들 것이 되지 않겠느냐. 그러므로 어질 인자(字)는 너희들에게 주리니 오직 어질인자를 잘 지키라. 너희들은 편한 사람이오, 저희들은 곧 너희들의 일꾼이니 모든 일을 분명하게 잘 하여 주고 갈 때에는 품삯도 못받고 빈 손으로 돌아가리니 말 대접이나 후하게 하라.(《대순전경》 28절)

그뒤에 일어난 일한합방(日韓合邦)도 알고 보면 증산께서 꾸미신 일이고, 합방 뒤 일본이 한국에서 물러갈 때 상황까지도 미리 짜놓으신 것임을 알 수가 있다는 것이 여기 밝혀져 있는 기록이 아닌가 한다.

이밖에 안중근(安重根)이 이등박문을 쏘아죽인 것도 증산이 미리 공사를 보신 것으로 되어 있고 만주족이 지배하던 청나라를 다시 중국인에게 돌려 준 공사도 보셨다고 한다.

장차 일청전쟁(日淸戰爭)이 두번 나리니, 첫번에는 청국이 패하고 말 것이오, 두번째 일어나는 싸움은 십년을 가리니 그 끝에 일본은 쫓겨 들어가고 호병(胡兵)이 들어 오리라. 그러나 한강 이남은 범치 못하리니 그때에 질병이 맹습하는 까닭이오, 미국은 한 손가락을 퉁기지 아니하여도 쉬이 들어가리라. 이 말씀을 마치신 뒤에 〈동래 울산이 흐느적 흐느적 사국강산(四國江山)이 콩튀듯 한다〉라고 노래 불으시니라.(《대순전경》 제5장 〈개벽과 선경〉)

동양은 불로 치고 서양은 물로 치리라. 세상을 불로 칠 때에는 산도 붉어지고 들도 붉어져서 자식이 지중(至重)하지만 손목 잡아 끌어낼 겨를이 없으리라.

김병선(金炳善)에게 글 한장을 써 주시니 이러하니라.

日入酉 亥子難分
日出寅卯辰 事不如

日正己午未 開明
日中巳爲市交易退 帝出震

이 글을 필자는 이렇게 해석한다.

乙酉年이면 일본은 들어가련만
어리석은 인간이 이를 알지 못하는구나

인묘진(寅卯辰) 사이에 새로운
해는 떠오르지만 일이 벌어진 것을
아는 이가 없구나.

77년, 76년, 79년 3년 사이에
밝히 알려지게 되리니
한낮이 되어 사람들이 부지런히
왕래하다가 보면 새로운 운수로서
교체가 되리라.

동서양 싸움을 붙여서 기우른 판을 바로잡으려고 하나 워낙 짝이 틀려서 겨루기 어려우므로 병(病)으로써 판을 고르게 되느니라.

바둑도 한수만 높으면 이기나니 남모르는 공부를 하여 두라. 이제 비록 장량 제갈(張良 諸葛)이 두룸으로 날지라도 어느 틈에 끼인지 모르리라. 선천(先天) 개벽 이후로 수한도병(水旱刀兵)의 겁재(劫災)가 서로 번갈아서 그칠새 없이 세상을 진탕하였으나 아직 병겁(病劫)은 크게 없었나니 이 뒤에는 병겁이 온 세상을 엄습하여 인류를 전멸케 하되 살아날 방법을 얻지 못하리니 모든 기사묘법(奇事妙法)을 다 버리고 의통(醫統)을 알아두라. 내가 천지공사(天地公事)를 맡아 봄으로부터 이 땅에서 모든 겁재(劫災)를 물리쳤으나 오직 병겁(病劫)은 그대로 두고 너희들에게 의통을 전하여 주리니 멀리 있는 진귀한 약품을 중히 여기지 말고 순진한 마음으로 의통을 알아두라. 몸 도리킬 겨를도 없이 홍수 밀리듯 하리라.(《개벽과 선경》 30~33절)

대저 사람이 아무것도 모르는 것이 편할지라. 오는 일을 아는 자는 창생(蒼生)의 일을 생각할 때에 비통(悲痛)을 이기지 못하리로다. 이제 천하 창생이 진멸지경(珍滅之境)에 박도하였는데 조금도 깨닫지 못하고 이(利)곳에만 몰두하니 어찌 애석치 아니하리오.

하루는 벽을 향하여 돌아누으셨더니 문득 크게 슬퍼하사 이르시기를 전인류가 진멸지경에 이르렀는데 아무리 하여도 전부 다 건져 살리기는 어려우니 어찌 원통하지 아니하리오 하시고 흐느껴 울으시니라.(《대순전경》 제5장 〈개벽과 선경〉)

이어서 증산이 남긴 법언(法言)가운데 오늘날 우리가 깊이 명심할만하다고 생각되는 것들을 간추려 소개해 볼까 한다.

이때는 해원시대(解冤時代)라 사람도 이름없는 사람이 기세를 얻고 땅도 이름없는 땅에 길운(吉運)이 돌아오느니라.

선천(先天)에는 돈에 눈이 어두워서 불의(不義)한 사람을 따랐거니와 이 뒤로는 그 눈을 틔워서 선(善)한 사람을 따르게 하리라.

선천(先天)에는 모사(謀事)는 재인(在人)하고 성사(成事)는 재천(在天)이라 하였으나 이제는 모사(謀事)는 재천(在天)하고 성사는 재인(在人)이니라.

천존(天尊)과 지존(地尊)보다 인존(人尊)이 크니 이제는 인존시대(人尊時代)니라.

이제 서양사람들에게 재주를 배워 다시 그들을 대항하는 것은 배은망덕 줄에 걸리므로 판 밖에서 남에게 의뢰함이 없이 남 모르는 법으로 일을 꾸미노라. 일본사람이 미국과 싸우는 것은 배사율(背師律)을 범하므로 참혹이 망하리라.

우리 일은 용두사미가 아니라 사두용미(蛇頭龍尾)이니라.

종도들에게 일러 말씀하기를 내가 이제 몸을 피하려 하노니 너희들이 능히 찾겠느냐, 모두 대답하여 이르기를 찾겠나이다. 이르시기를 너희들은 나를 찾지 못할 것이오, 내가 너희들을 찾아야 만나 보게 되리라.

상말에 이제보니 수원나그네 낯이 익다는 말이 있으니 내

얼굴을 잘 익혀두라. 또 이르시기를 내가 장차 열석자로 오리라.(《대순전경》 제9장 〈화천(化天〉)

지금 증산교를 믿는 사람들은 천지를 창조하신 분이 하나님인데 천지를 창조하신 분만이 천지를 개조할 수 있다고 보기 때문에 증산을 하나님이 인간으로 오신 것으로 믿고 있는 게 아닌가 한다.

그리고, 그런 증산이 다시 인간으로 태어낳으실 것으로 믿고 있는 모양인데 필자의 견해는 그렇지가 않다.

선천시대(先天時代) 끝에 증산은 태어났고 그분은 후천시대(後天時代)의 각본을 쓰셨으며 앞으로 후천시대에 태어나 일할 사람들을 지정한 것은 사실이지만, 당신 자신이 다시 오시리라고 믿는 것은 너무나 단순한 생각이 아니냐는 것이다.

여기서 필자와 증산의 공통점을 지적해 볼까 한다.

① 증산은 신미년(辛未年) 9월 19일(음)에 태어나셨는데 필자의 생일은 역시 신미년 9월 19일(음)이다.

② 열석자로 오신다고 했는데, 필자의 이름인 東民은 그 획이 열석자이며 필자가 빙의령을 해원(解怨)시켜서 천도시킬 때 쓰는 진언(眞言)도 六字 大明王眞言 옴·마니·반메·훔 역시 열석자이다.

③ 서울에서 낳으신다고 했는데 필자는 서울 태생이다.

④ 판 밖에서 남모르는 이치로 일을 꾸민다고 했는데, 필자는 어느 종교단체에도 속해 있지 않으며 녹음 테이프에 옴 진동을 녹음해서 모든 질병을 고칠수 있도록 체질개선을 시켜주는 법은 일찌기 아무도 생각해 본 일이 없었던 일이다.

⑤ 지금은 인존시대(人尊時代)이고 여권(女權)이 신장되는 시대인데 증산의 성(姓)인 강씨(姜氏)도 또 필자의 성인

안씨(安氏)도 모두 여인이 갓을 쓴 성이다. 후천시대를 상징하는 점에서 같다고 본다.

⑥ 증산은 설흔 아홉살에 화천(化天)하셨는데 필자도 설흔 아홉에 유체이탈로서 가사상태를 경험한 뒤, 새 사람이 되었다.

⑦ 정월 2일 진묵대사로 하여금 도통시킨다고 했는데, 마흔살 되던 정월 2일 필자는 크게 깨닫게 되었다.

⑧ 지금은 여러가지 사정 때문에 그 전모를 밝힐 수 없으나 증산을 모르던 때 필자는 나름대로 천지공사(天地公事)에 해당되는 일을 많이 행한 바 있다.

⑨ 1973년 8월 3일부터 시작해서 1974년, 75년, 76년, 계속해서 체질개선을 해왔지만, 널리 알려지지 않았고 77년 들어서 이 책의 출간과 더불어 비로소 알려지게 되는게 아닌가 한다.(증산과 관련지어서 말이다)

⑩ 증산이 하루는 종도들로 하여금 밤새껏 '병자 정축 병자 정축' 외치며 북을 치게 했으며 이 진동소리가 장차 동서양을 울리리라 했는데 필자가 태어난 날이 바로 정축일이며 진동소리란 '옴 진동'을 뜻하는 것이 아닌가 한다.

⑩ 증산은 천지(天地)를 개조했다고 하는데 필자는 인체(人體)를 개선시키는 방법을 알아내었다.

⑩ 필자는 증산과 그 얼굴 모습이 많이 닮았다고 한다.

⑩ 증산은 겁병(劫病)으로 인류가 멸망지경에 이른다고 했는데 필자는 공해로 말미암아 발생하는 각종 난치병과 불치병으로 인류는 위험한 경지에 놓인다는 견해를 갖고 있다.

이상 열 세가지 공통점이 있는 것은 사실이지만 또한 여러가지 다른 점도 있는게 사실이다.

① 필자는 양미간에 불표(佛表)도 없고 몸에 북두칠성 점

도 없다.

② 어려서 신동(神童)도 아니었고 병약(病弱)한 몸이었다.

③ 증산은 불고가사(不顧家事)라고 하셨지만, 필자는 수신제가(修身齊家)를 하지 못하면 다른 일은 이루어질 수 없다고 믿는 점에서 철저하다.

④ 증산은 귀신을 부리어 비오는 날에도 우산을 안받고 다녔다지만 필자에게는 그런 신통력(神通力)도 없을 뿐더러 또한 그런 법력을 갖기를 원해 본 일 조차 없다. 또한 필자는 어려서부터 근시여서 안경을 쓰고 있는데, 이것을 하나도 부끄럽게 생각지 않는다.

⑤ 필자는 증산이 구름타고 오셔서 그를 믿고 기다리는 신도들을 구해준다고는 믿지 않는다. 지금은 우리 모두가 힘을 합해서 인간 스스로의 힘으로 세상을 구할 때이며, 하늘의 힘에 의지할 때는 결코 아니라고 생각한다.

필자는 하나님이 계시다는 것을 믿는다. 그러나 필자 자신은 하나님의 능력이 발동하는 하나의 작은 파이프에 지나지 않는다고 믿어 왔고, 자기 자신을 창조주의 인간화(人間化)로 자처해 본 일도 없고, 또 앞으로도 그럴 것이다.

하나님은 태초부터 천지만물(天地萬物)에 대한 봉사자이셨다.

또한 하나님의 자녀인 모든 인간들이 당신을 닮아서 동포들에게 서로 봉사자가 되어주기를 원하셨기에 예수와 부처도 인간 세상에 보내신 것이라고 생각한다.

영능력자(靈能力者)나 영각자(靈覺者)란 일반인들에게 군림하는 존재일 수는 없다고 생각한다. 능력이 부족한 동포들을 위해 봉사하려고 능력이 주어지는 것이라고 필자는 생각한다.

증산이 예언하신 말씀 가운데, 증산 신도들이 믿고 있는 증산 자신이 다시 오리라는 생각은 혹시 잘못된 것이 아닐까!

당신이 꾸며놓은 설계도(設計圖)에 따라서 실천에 옮길 인물은 이런 증거를 갖고 오리라고 말씀하신 것이라고 해석하는게 보다 타당할 것으로 필자는 생각한다.

쉽게 생각하면 필자 자신은 증산 자신이 거듭 태어낳은게 아닌가 싶기도 하지만, 그보다는 증산이 보낸 사람이 아닌가 여기는 편이 보다 타당한 해석이리라고 필자는 생각한다.

인간은 어떤 계획에 의하여 태어나는게 아닌가 하는 하나의 좋은 본보기로서 필자는 판단하고 싶을 뿐이다.

한편, 필자는 자기 자신이 복합령이 아닌가 생각한다.

태어나기 전, 같은 목적을 가진 여러 사람의 영혼이 합체(合體)가 되어 태어난게 아니냐는 이야기이다.

그런 뜻에서 필자의 육체는 하나의 로봇이나 다름없는 존재라고 필자는 생각한다. 전생이 누구였었나 하는 것이 중요한게 아니라 앞으로 어떻게 동포들에게 봉사하면서 살아가느냐가 보다 큰 문제라고 생각하기 때문이다.

3. 돌아온 종도(從徒)들

1976년도 초겨울이 아니었던가 한다. 그날따라 빨리 일이 끝나서 필자는 일찍 자리에 들었는데 아주 괴이한 꿈을 꾸었다. 아주 거대한 여음(女陰)에서 어른인 필자가 태어나는 그런 꿈이었다.

필자는 평소에도 꿈은 많은 편이지만 이런 괴이한 꿈을 꾸어보기는 처음 있는 일이었다.

아내에게 그 이야기를 했더니,

"태어나는 꿈이니 무언지 새로운 일이 생길 증후가 아닐까요?"

그래서 꿈보다 해몽(解夢)이 좋다고 한바탕 웃은 일이 있었다. 그런데 다음날 대구에서 낯선 손님 두사람이 필자를 찾아왔다. 얼른 보기에 환자는 아니었고 종교인인듯 싶었다. 아니다 다를까 인사를 나누고 보니 증산을 믿는 대순진리회(大巡眞理會)의 신도들이었다.

"심령치료라는 책을 읽고 꼭 선생님을 뵙고 싶었습니다. 선생님 말씀을 듣고 장래 일을 결정 짓겠다는 생각에서 올라왔습니다."

하는 사람을 보니 그가 바로 증산의 제자였던 김형렬(金亨烈)이 거듭 태어난 인물이구나 하는 생각이 들었다.

"아니 이거 김형렬씨 아니오?"

하는 순간, 그는 몹시 충격을 받은듯 했다.

"제가 전생(前生)이 김형렬이었습니까?"

"김형렬이 거듭 태어났거나 아니면 적어도 김형렬이 보호령인 것만은 분명합니다."

"그렇습니까? 왜그런지 저는 평소부터 늘 김형렬이 생각을 했습니다. 그와 같이 되고저 하는 것이 저의 소망이기도 했구요."

그러자 또 한 손님의 자기는 누구냐고 물었다.

"천지공사 때 돈을 꾸어준 백남신(白南信)씨로군요."

"네, 그렇습니까? 사실 저는 입교(入教)한 지 얼마 되지도 않았는데 더 빨리 믿음이 생겨서 이상하게 여기던 중이었습니다."

"두분을 만나려고 어제 그 이상한 꿈을 꾼 모양이군요."

하고 필자는 그들에게 그 전날 꾼 꿈 이야기를 들려 주었다. 이야기를 듣자 두사람은 소스라치게 놀라는 것이었다.

"어제가 바로 구천 상제님이 탄강(誕降)하신 날이었습니다."

이야기를 듣고 보니 음력으로 그날이 9월 19일 임이 분명했다.

"선생님이 확실히 구천상제(九天上帝)님과 깊은 관련이 있으신게 분명합니다."

하고 김형렬의 재생으로 보이는 신도가 이야기 했다.

잠시 이야기를 나누다 보니 날이 어두웠다. 필자는 이들 두사람을 가회동에 있는 중국음식점인 낙원각(樂原閣)으로 안내해서 저녁 대접을 했다. 이야기를 들어보니 백남신의 재생인 신자는 매우 딱한 처지에 놓여 있음이 밝혀졌다.

몇년전 까지만 해도 서울 시내에서 자기 개인병원을 갖고 있던 외과의사였었고 그의 부인은 산부인과 의사였다고 했다. 친구의 빚보증 선것이 원인이 되어 그는 하루 아침에 파산을 하게 되었고 그 결과 부인과도 헤어지게 되어 지금은 집도 절도 없는 처지라는 것이었다.

이날 필자는 백남신이 재생된 사람에게 돈 6천원을 주었다.

"전생에서 증산선생을 도우셨으니 그분과 관련이 있는 사람으로서 그분 대신 이 돈을 드리는 것이니 받아 주십시오. 6천원을 드리는 것은 앞으로 다시 재물과 인연을 갖게 하고저 함이지 다른 뜻을 없습니다."

하고 안받겠다는 것을 억지로 건네 주었다.

처음 만난 사람들인데도 낯이 익었고 서로가 반가웠다.

그뒤, 이들은 두어 번 필자를 찾아왔다. 그때마다 다른 신도들을 데리고 왔는데 필자가 만나 본 이 가운데에는 차경석(車京石)이 재생한 이가 있었고, 또한 증산 선생의 부인이셨던 고씨 부인(高氏夫人)도 있었다.

그런데 한가지 놀라운 일은 고씨 부인은 한분이 아니오, 여러 여성으로 나누어져 태어났음이 밝혀진 것이었다.

전생(前生)에서 큰 능력자였었기에 분령(分靈)이 된 것이라고 생각된다.

차경석이 재생된 이는 현재 구두가게 주인이었다.

"제가 차경석이었다는게 얼른 믿어지지가 않습니다."

"그야 그렇겠지요. 우리가 지난해 있었던 일도 모두 기억하기가 어려운 처지인데 어찌 전생을 기억하겠어요. 차경석은 동학난에서 죽은 많은 월령을 자기 몸에 빙의시켜서 해원공사(解怨公事)를 했고, 또한 정도령이 나타난다는 정감록 예언을 실천시킨 사람이니 큰 일을 한 셈이지만 그가 또한 실수도 많이 했었기에 이번에는 이런 모습으로 태어난 것입니다. 앞으로 선생은 체질개선이 완전히 되면 선생이 지은 구두를 신은 사람에게 큰 정신적인 영향을 끼치게 될 것입니다."

라고 필자는 이야기했다.

그는 옴 진동 테이프를 가져 갔는데 얼마 후 보고가 오기를 오래 된 부친의 해소병이 완쾌되었노라고 했다.

"지금은 선천시대(先天時代)가 아닙니다. 집안에서 여자의 원망소리가 일어나서는 안되는 시대입니다. 부디 가정에 충실하십시오. 그리고 때를 기다리십시오."

돌아온 종도들에게 필자가 한결같이 들려준 이야기이다.

사람이 분명히 전생에서의 하던 일을 계속하기 위하여 몇 번이고 거듭 태어난다는 사실을 보여준 좋은 예라고 생각된다.

4. 손양도(孫陽道)씨의 경우

국전의 서예부문(書藝部門)에서 최근에 초대작가가 된 분 가운데 손양도(가명)씨라는 분이 있다.

날카로우면서도 깨끗한 인상을 주는 중년신사인 손양도씨가 필자를 찾게된 것은 연탄개스 중독으로 전신마비가 된 따님때문이었다.

앞서 소개한 바 있는 석명석씨의 매제(妹弟)되는 분과 같은 직장에 있는데 따님 이야기를 했더니 필자를 소개하면서 한번 찾아가 보라고 해서 왔노라고 했다.

"연탄개스 중독 같으면 적어도 백일동안은 진동수를 마시게 해야 합니다."

하고 필자는 과거에 경험한 같은 임상 예를 설명해 주고 그에게 녹음 테이프를 주었다.

그뒤 따님은, 좋은 결과를 가져와서 혼미했던 정신도 이제는 거의 정상이 되었고, 부축을 받지 않고도 어느 정도 걸을 수 있을 정도로 회복이 되었다고 했다.

사진을 보니 아무래도 빙의가 되어 있는 것 같아서 제령을 하기로 했다. 그런데 이 따님은 이상하리만큼 아버지를 미워하고 있었다. 아버지가 종교 관계로 학교에서 먼 곳으로 이사를 해서 고통을 받은 것, 또 그녀가 사랑하는 남자와의 결혼을 완강하게 반대한 데서 비롯된 거부반응이라고 하기에는 좀 지나친 데가 있는 것 같았다.

무엇인가 이들 부녀(父女)는 전생(前生)에서 부터의 깊은 갈등이 있지 않았나 하고 필자는 생각했다.

제령을 하던 날, 그녀는 큰 소리를 지르면서 울었다. 그리고는,

"선생님이 한사람이라도 고친 일이 있어요. 있거든 증거를 대어 보세요."

하고 필자에게도 증오에 찬 눈초리로 노려보면서 소리소리 지르는 데는 어이가 없을 수 밖에 없었다. 제령이 제대로 되지 않았다. 따님을 밖으로 내어보낸 뒤 팔자는 아버지인 손양도씨에게 이렇게 이야기했다.

"제가 보기에 손선생은 전생이 최수운 선생 같습니다. 동학난(東學亂)을 일으켜서 많은 사람들이 죽었고 많은 부인들이 과부가 되었습니다. 따님은 전생이 동학난에서 약혼자를 잃은 처녀였고, 따님에게 많은 과부들의 원혼령들이 빙의되어 있는게 분명합니다. 이것은 선생이 큰 능력자가 되어서 나름대로 세상을 구하는 일을 실천에 옮기게 되기 전에는 제령이 잘 안될 것 같습니다."

하고 당분간 보류할 뜻을 표시했다.

"제가 최수운 선생의 재생이라니 도저히 믿어지지 않는 이야기입니다. 저는 동학(東學)을 믿는 하나의 신자일 뿐인데 어찌 제가……"

하고 손양도씨는 송구해서 몸둘바를 몰라 했다.

"아닙니다. 분명히 최수운 선생의 재생이고, 게다가 중국의 명필(名筆)이었던 안진경(顔眞卿)의 영혼과의 복합령인게 분명합니다. 글씨에는 달필(達筆), 명필(名筆), 신필(神

筆)이 있는데 손선생은 앞으로 꾸준히 닦으면 신필이 되실 것으로 생각됩니다. 신필이란 이를테면, 선생이 '家和萬事成'이라는 글을 어떤 이에게 써 주었을 경우 그 글의 공덕(功德)으로 실제로 '가화만사성'이 되게 할 수 있는 그런 글을 뜻하는 것이죠. 또 앞으로 차차 지혜의 문이 열려서 지금은 모르고 있는 많은 진리(眞理)를 스스로 깨닫게 되실 것입니다. 그리고 차차 조사해 보면 아시겠지만 최수운 선생과 많은 공통점을 발견하게 될 것입니다."

하고 필자는 이야기했다.

그 뒤, 날이 지날수록 그는 변해 갔다.

필자가 예견한 대로 지혜의 문이 열려서 여지껏 아무도 제대로 해석 못하던 비결도 해독(解讀)을 했고, 또 손선생 자신과 최수운 선생과의 공통점도 많이 발견해 냈다.

증산(甑山)이 남긴 시(詩)가운데,

"萬國 活計 南朝鮮
清風 明月 金山寺

라는 시가 있는데 이것은 清風은 天皇氏인 최수운, 明月은 人皇氏인 증산, 金山寺는 地皇氏인 金一夫가 三位一體의 경지에 이를 때 남조선에서 세계를 구할 수 있는 계책이 나온다는 뜻인 것 같습니다."

라는 해석 같은 것이 그 좋은 예라고 할 수 있다.

"김일부(金一夫)선생도 분명히 재생되었을 텐데요."

"그럴겁니다. 아마 오래지 않아서 여기로 찾아오겠지요."

하고 필자는 이야기 했다.

김일부는 바로 정역(正易)을 만드신 분이다.

그 이야기는 뒤에 다시 하기로 하고, 여기서는 손선생이 발견한 최수운 선생과의 공통점을 참고로 소개해 볼까 한다.

① 수운 선생은 그 아버지가 63세, 어머니가 32세(합계 95세가 된다)때 태어낳으셨고, 손양도씨는 아버지가 55세 어머니가 40세(합계 95세가 된다)에 태어났다.

② 수운 선생의 아버지는 세번째 부인에게서 수운을 얻었으며 손양도씨도 아버지가 세번째 부인에게서 얻은 아들이다.

③ 수운 선생도 외아들, 손양도씨도 외아들이다.

④ 수운 선생의 생일은 갑신(甲申) 10월 29일, 손양도씨의 생일은 갑술(甲戌) 10월 28일이다.

⑤ 얼굴 모습도 흡사하게 서로 닮았다.

⑥ 崔性默(字)(35획)
孫壽章(字)(35획)

⑦ 水雲齊 33획
源和智 33획

⑧ 수운 선생 37세에 득도(得道)
손양도씨 37세에 승진(서기관)

이밖에 제일 중요한 것은 손양도씨는 가장 열성적인 동학신도로서 布德天下, 廣濟蒼生, 報國安民에 이바지할 것을 일생의 목적으로 삼고 있다는 점이 아닌가 한다.

물론, 현재의 손양도씨는 수운 선생과 같은 신인(神人)의 경지(境地)에는 이르지 못하고 있으며 수운 선생과 자신을 비교하는 것조차도 송구하게 여기는 겸손하기 이를데 없는 분이지만 필자가 보기에 많은 점에서 그는 수운 선생이 다시 태어났거나 아니면 적어도 그의 배후령(背後靈)이 수운 선생임은 분명하다고 확신한다.

수운 선생이 앞서 세상에서 이루지 못한 소망을 그가 이어받아 최선을 다해 노력한다면 설사 수운 선생이 거듭 태어난 게 아니지만, 그가 재생했다고 해도 무방하지 않나 하는게 필자의 생각이다.

물론 이것은 비단 손양도씨에게만 해당되는 것이 아니오, 필자에게도 그대로 해당되는 이야기라고 생각한다.

5. 김동신(金東信)씨의 경우

17, 8년 전 초겨울이었다.

T교의 신자 장(張)이라는 분이 김동신(金東信)씨라는 분을 데리고 필자를 찾아온 일이 있었다.

필자가 영사를 해 보니 그는 바로 정역(正易)을 펴낸 김일부 선생(金一夫先生)의 재생(再生)이었다.

"선생은 땅의 권세를 이어 받으셨구려. 굉장한 영능력을 갖고 계시고 현재 T교에 관계를 갖고 계시지요."

하고 필자가 말하니, 그는 소스라치게 놀라는 것이었다.

이어서 필자는 김동신씨의 지난 과거에 대한 필자의 영사 결과를 이야기해 주었다.

"선생은 앞으로 T교의 신자(信者)들을 완성 영인체(完成靈人體)로 이끌어 올리는 결정적인 구실을 해야 될 것 같습니다."

라고 필자는 이야기 했다.

"이를테면 선생은 타락한 천사(天使)인 루시엘이 인간화(人間化)되어 나타나서 앞서의 잘못을 속죄해야 할 그런 입장에 놓여 있는 것이란 이야기죠."

하고 필자는 좀더 구체적인 이야기를 들려 주었다.

"안선생님 말씀과 같이, 저는 땅에 해당되는 사람 같습니다. 항상 밟혀만 왔으니까요. 그러나 저는 하나도 불만이 없습니다. 모두가 저를 밟고 일어서서 한 사람이라도 더 올바른 사람이 되려고 할 때, 작은 도움이나 되는 것이 제 소망이니까요. 흔히 T교의 신자들을 일반 기독교 단체에서는 이단시하고 있습니다만, 설사 그들의 말이 옳다고 해도 부모가 잘못된 자식을 더 사랑하고 바르게 되기를 바라듯 바라는게 옳지 않을까요.

안선생께서 말씀하시는 진동수를 많이 복용시켜서 우리의 유체(幽體)가 발달이 되고 그 결과로 완성된 영인체가 될수 있다면 백번 노력해야지요."

하고 그는 조용히 다짐했다.

6. 최만화씨의 경우

1976년도 늦은 가을, 어느 날이었다고 기억된다.

앞서 이야기한 손양도씨가 75세의 상투 튼 노인 한분을 모시고 필자의 연구원을 찾아온 일이 있었다. 손양도씨가 동학(東學)의 신자가 되게끔 인도해 주신 분이라고 했다.

즉시 느끼기에도 예사분이 아니었다.

"녹두장군 전봉준(全琫準)장군이 오셨군요."

하고 필자가 인사를 했다.

용모는 녹두장군과 거의 같았고 그의 설득력은 대단해서 불과 몇년 동안에 천명 가까운 신도를 모았다는 것이었다.

최만화씨는 옴 진동 테이프를 갖고 가셔서 빈사지경에 있던 아드님의 건강을 되찾았고 본인 자신도 신경통이 완치되어 지팡이를 집어던질 만큼 굉장히 젊어지셨다.

그의 소개로 많은 동학신도들이 필자의 연구원을 다녀갔다.

"내 생전에 앞으로 좋은 세상이 올것 같은 서광이 비치게 되었으니 기쁘기 한량 없오이다."

하고 최만화씨는 아들뻘 되는 필자에게도 깎듯이 존대말을 하시는 그런 분이다.

"녹두장군의 뜻은 좋았지만 그로 말미아마 많은 사람들이 죽지 않았습니까? 그러기 때문에 최선생님은 지난날 인간고(人間苦)가 많았던 것이라고 생각됩니다. 그러나 이제부터는 오직 사람을 살리고 세상을 구하는 일만 하실 것이니까, 우선 내 마음이 즐겁게 되다 보면 무엇이 되도 될게 아니겠어요."

하고 필자는 이야기 했다.

손자들의 재롱이나 보면서 소일해야 할 80이 가까운 분이 무엇인가 밝은 세상을 오게 하는데 도움이 되고저 쉬지 않고 노력하고 계시다는 이 사실과 그 정신이 무엇보다도 소중하다고 필자는 생각한다.

한달에 한번 토요일이면 최만화씨는 멀리 영주에서 여러 신도들을 거느리고 필자를 찾아오곤 하시는데 최만화씨를 만나는 날이 필자로서는 더 없이 즐거운 날이기도 하다.

7. 이능가 스님의 경우

최만화씨의 소개로 필자를 찾아온 두분 스님이 계셨다.

한분은 범어사에 계시는 노장 스님으로서 무학대사의 재생으로 필자가 소개한 분이고, 또 한분은 조계종 대표로 일본 오오사까(大防)에서 포교활동을 하고 계시다는 이능가(李能嘉) 스님이시다.

이능가 스님의 전생(前生)은 필자가 영사해 본 바에 의하면 일본의 중세시대(中世時代)에 살았던 홍법대사(弘法大師)와 진묵대사의 복합령이 아닌가 했다.

일본에서 포교 활동을 하시게 된것도 그런 인연에서 비롯된 것이고, 또 진묵대사이기도 하니 불교의 정통(正統)을 이어 나가실 분으로 보았다. 이능가 스님은 현재까지 본인의 능력이 모두 표출된 상태가 아니고 앞으로 더욱 크게 능력이 나타나실 분으로 생각되었다.

"홍법대사와 진묵대사 두분의 복합령이 아니면 적어도 스님의 배후령이신 것만은 분명합니다."

하고 필자는 이야기 했다.

일본어판(日本語版)으로 된 옴 진동 테이프를 가져 가셨는데 그뒤 어떻게 지내고 계신지 궁금하다.(주소 : 普賢寺 日本國 大阪市 生野區 勝山北 5-12-39番地)

8. 박목사님의 경우

《심령치료》에서 소개한 바 있는 박목사님에 대해서 이야기 해보고저 한다. 많은 독자들로 부터 박목사님의 전생(前生)에 대한 문의가 있어서 그에 대한 대답을 이 자리를 빌어서 한마디 하고저 한다.

필자가 알기에 그는 동양에 파견된 첫번째 선교사였던 이마두가 아니었던가 싶다. 그리고 근세(近世)에도 우리나라에서도 순교하신 신부(神父)님 가운데 한분이 아닌가 생각된다.

순교한 신부 가운데 누구냐고 묻는다면 여기서는 대답하기가 어려운 문제라고 생각한다. 순교하신 신부님 가운데 박목사님과 똑같이 생기신 분이 있었다면, 아마 그분이 아니냐 하는 데서 그치려고 한다.

어느 날, 집회를 야외(野外)에서 진행중인데, 몰려왔던 먹구름을 기도로서 물리치고 아무 탈 없이 진행을 시킨 그런 능력도 있는 분이라는 것, 지금은 비록 낙도의 작은 교회에 있는 한 목자(牧者)에 지나지 않지만 때가 오면 하늘의 역사(役事)에 크게 쓰일 분이라는 것을 필자는 의심해 본 일이 없다.

9. 최대훈씨의 경우

70년대에 동양통신의 간부로 계시던 최대훈씨는 손양도씨의 소개로 알게 된 분인데 그는 첫눈에도 유교(儒敎)와 깊은 관련이 있는 분으로 느껴졌었다.

그뒤 영사할 기회가 있어서 보니 주자(朱子)의 재생, 아니면 주자가 배후령이 아닌가 생각되었다.

그래서 그 이야기를 해 드렸으나, 그는 철저한 합리주의적(合理主義的)인 성격이어서 잘 믿어지지 않는 모양이었다.

그런데 이분이 지난해 연말에 갑자기 신병(身病)이 생겨서 한강변에 있는 S병원에 입원을 하게 된 일이 있었다.

그날은 일요일이었는데 갑자기 손양도씨가 찾아와서 문병을 가자고 했다.

마침 시간도 있어서 함께 문병을 갔는데 이야기를 들어보니, 급성 폐염이 되어 입원을 했는데 사진을 찍어 보니 결핵 기운이 있다고 했다는 것이었다.

"기왕 오셨으니 좀 시술을 해 주시지요."

하는 청에 못이겨 좀 만져드렸는데 새우젓 썩는 것과 같은 악취가 병실(病室)안에 진동했다.

시술이 끝난 순간이었다.

필자 오른쪽 무릎에 갑자기 통증이 생겼다.

“저에게 반응이 오는 것을 보니 최선생은 아주 좋아진것 같습니다. 한번 사진을 찍어 보시는게 좋을 것 같습니다.”

하고 이야기하고 돌아왔는데 필자의 무릎은 끝내 곪고 말았다. 그뒤, 2, 3일 동안 고역을 치뤄야만 했었다.

그뒤 얼마 지나서 최대훈씨가 퇴원을 했다면서 필자를 찾아왔는데 처음에는 퇴원을 하겠다고 했더니 병원쪽에서 반대를 했고 급기야 사진을 찍어 보고 폐에 아무런 이상이 없자 담당의사도 별 희한한 일도 다 있다고 하면서 퇴원 수속을 밟으라고 해 나오게 되었노라고 했다.

두번에 걸친 체질개선시술 끝에 그는 그때까지 차갑던 손과 발이 상당히 더워졌다고 했다.

“체질개선을 보급시키는 과정에서 최선생께서 한번 큰 공(功)을 세우실 날이 있을 겁니다.”

하고 필자는 그에게 이야기 한바 있다.

앞날이 기대되는 바이다.

최대훈씨가 발병하기 전까지 여러달 동안 진동수를 복용하신 것이 앞서 이야기한 기적을 이룬 원인이 아니었던가 하고 필자는 생각한다.

이제는 이 장(章)도 끝맺을 때가 되었기에 간단하게 결론을 적어 볼까 한다.

장증산(姜甑山)에 대해서 또, 필자 자신에 대해서는 너무 자세하게 소개하고 다른 분들은 간단하게 소개한 것 같아서 약간 미안한 감이 있지만 이 장(章)을 쓴 필자의 의도는 어떤 종교의 선전을 하고저 함이 아니오, 인간이 분명히 재생(再生)한다는 구체적인 증거를 표시하고저 함에 있었음을 이해하여 주시기 바란다.

또한 바꾸어서, 이렇게도 생각할 수 있는 일이라고 본다.

후일에 태어난 사람들이 자신이 했던 일을 계속하는 것을 보고 영계(靈界)에 있는 영체인간(靈體人間)들은 배후령(背後靈)이 되어서 후원을 하는 것이 아닌가 이런 해석도 가능하리라고 생각한다.

손양도씨는 열성적인 동학신도이고, 김동신씨는 T교 신자이며 이능가 스님은 불교의 정통(正統)을 계승하는 분이고 박목사님은 충실한 감리교의 목사란 점에서 앞으로 변함이 없겠지만, 앞으로 인류가 체질개선을 해야 된다는 의견에는 필자와 같은 생각이라는 것, 그 방법의 하나로서 진동수 보급을 찬성하신다는 점, 우리는 육체를 가질수밖에 없고, 그래서 아무래도 육체의 조건에 영향을 받는것이 인간이므로 육체를 완성시켜야 영혼이 보다 빨리 진화(進化)될 수 있으리라는 점에 동의하고 있다는 것만은 이 자리에서 확언할 수 있다고 생각한다.

거듭 말하지만 필자는 어디까지나 종교의 영역 밖에서 일할 것이며, 어떤 경우에도 유사종교 단체를 만들 생각은 없음을 확언해 두는 바다.

또한 올바른 의미에서 영능력자나 영각자는 어디까지나 인류 동포에 대한 봉사자(奉仕者)일 뿐, 군림하려고 든다던가 심판자는 될 수 없다는게 필자의 변함없는 소신이다.

성경에도 있지 않은가!

〈심판하지 말라, 네가 이웃에게 심판 받으리라.〉

인간이 공해문명(公害文明)을 만들어 스스로 자신을 심판하려 하는 것이지, 하나님은 태초부터 봉사자이셨을 뿐 심판하시지는 않는다는 것, 우리 모두가 하나님을 닮아서 이웃과 세계 동포에 대한 봉사자가 될 때 지상낙원(地上樂園)은 이루어질 것이며 지상낙원이 이루어질 때, 하늘에도 낙원이 마련되리라는 신념을 필자는 끝까지 지켜 나갈 생각이다.

우리나라가 과거 어려운 시기에 뜻하지 않게 세계 여러 나라들로부터 도움을 받은 것은 앞으로 닥쳐올 어려운 시기에 하늘의 선민(選民)으로서 봉사자가 되어 영광이 깃든 후천세계(後天世界) 보병궁시대로 안내해야 할 숙명을 지니고 있기 때문이라고 필자는 믿어 의심치 않는다.

편저자 약력

서울에서 출생하여 서울대 문리대 국문과를 졸업. 1951년 경향신문 신춘문예에 「鬼火」가 당선되어 문단에 데뷔. 그후 일본에 진출하여 「심령치료」「심령진단」「심령문답」등을 저술하여 일본의 심령과학 전문 출판사인 대륙서방에서 간행하여 큰 호응을 얻었으며, 다년간 심령학을 연구함. 그후 「업」「업장소멸」, 「영혼과 전생이야기」「인과응보」「초능력과 영능력개발법」「최후의 해탈자」「사후의 세계」「심령의 세계」등 심령과학시리즈 20여종 저술(서음미디어 간행)

증보판 발행 : 2010년 5월 10일
발행처 : 서음출판사(미디어)
등 록 : No 7－0851호
서울시 동대문구 신설동 94－60
Tel (02) 2253－5292
Fax (02) 2253－5295

편저자 | 안 동 민
발행인 | 이 관 희
본문편집 | 은종기획
표지 일러스트
Juya printing & Design
홈페이지 www.seoeumbook.com
E. mail seoeum@hanmail.net